思维 实验 评价

主编 曹凤娥

顾问 朱世诚　马洪波

编委 孔晓燕　成少颖　韩　哮　李兵兵
　　　　魏　凡　杨建军　杨　君　姚森森
　　　　石媛媛　张　翼　赵　微

北京理工大学出版社
BEIJING INSTITUTE OF TECHNOLOGY PRESS

图书在版编目（CIP）数据

思维　实验　评价 / 曹凤娥主编. — 北京：北京理工大学出版社，2020.11
ISBN 978 - 7 - 5682 - 9213 - 9

Ⅰ.①思… Ⅱ.①曹… Ⅲ.①科学知识 - 教学研究 - 小学 Ⅳ.①G623.62

中国版本图书馆CIP数据核字（2020）第215427号

出版发行 / 北京理工大学出版社有限责任公司
社　　　址 / 北京市海淀区中关村南大街5号
邮　　　编 / 100081
电　　　话 / （010）68914775（总编室）
　　　　　　（010）82562903（教材售后服务热线）
　　　　　　（010）68948351（其他图书服务热线）
网　　　址 / http://www.bitpress.com.cn
经　　　销 / 全国各地新华书店
印　　　刷 / 定州启航印刷有限公司
开　　　本 / 710毫米×1000毫米　1 / 16
印　　　张 / 22　　　　　　　　　　　　　　　　　责任编辑 / 梁铜华
字　　　数 / 270千字　　　　　　　　　　　　　　文案编辑 / 杜　枝
版　　　次 / 2020年11月第1版　2020年11月第1次印刷　责任校对 / 刘亚男
定　　　价 / 55.00元　　　　　　　　　　　　　　责任印制 / 李志强

序

北京教育科学研究院基础教育教学研究中心　贾欣

2016 年,国家正式发布的"中国学生发展核心素养"共分为文化基础、自主发展、社会参与三个方面,综合表现为人文底蕴、科学精神、学会学习、健康生活、责任担当、实践创新六大素养。其中"科学精神"要素中,又分为"理性思维""批判质疑""勇于探究"。小学科学学科,根据国家核心素养的精神和学科自身的特点,制定了科学学科核心素养,即科学观念、科学思维、科学探究、科学态度。科学思维是科学学科核心素养中的重中之重。

为什么如此强调科学思维能力的培养呢? 其一,随着社会发展的脚步越来越快,对人的素质要求也发生了相应的变化,由过去的主要需要技能型人才过渡到迫切需要创新型人才。创新型人才是国家的核心竞争力。因此,小学科学课务必重视培养学生的思维能力。其二,有研究表明,学生在成年步入社会后,回忆起接受学校教育时,对他影响最大的不是具体的知识,而是一种思维方式。思维方式决定了人遇到问题时,处理问题的方式方法。同时也反映了一个人处理问题的能力。其三,回顾前几年科学课堂上的现象,普遍问题是虽然学生的手和口动起来了,但是大脑的思考没有及时跟进。探究学习只停留在表面现象上。探究学习的本质是大脑的深入思考、思维的卷入,动手操作、小组讨论都是它的一种外显形式。其四,培养学生科学思维能力,有助于学生的深度学习。学生的思维不断受到训练和挑战后,思考会越来越深入,概括、推理、分析、综合等思维能力会越来越强,从而推动学生主动建构知识体系,学生的思维发展水平决定了其知识建构的品质。总之,科学思维能力的培养,是小学科学教学的核心。

小学科学学科核心素养中的科学思维,是指在科学推理的过程中运用的逻辑思维方法。主要包括模型建构、科学推理、科学论证、质疑与创新等基本要点。模型建构是指：能根据研究的问题和情境，在一定条件下对客观事物进行抽象和概括，构建易于研究的、能从主要方面反映事物本质特征和共同属性的理想模型和概念。科学推理是指：正确使用分析、综合、归纳、演绎、比例、概率、控制变量等方法，从定性和定量两个方面进行科学推理，形成规律和理论，解释自然现象和解决实际问题。科学论证是指：使用科学证据的意识和评估科学证据的能力，运用（之前的推理）证据对研究问题进行描述、解释和预测的能力，以及建立证据与解释之间关系的能力。质疑与创新是指：具有批判性思维的意识，能基于证据大胆质疑，能从不同角度思考问题，追求创新。本书中的教学设计和案例部分，都多多少少体现了上述四个科学思维要点，在教学设计中，增加了"学科核心素养"的描述环节，简要描述了本设计中想体现的学科核心素养的具体要点，在"设计意图"环节也描述了培养学生的具体思维能力及核心素养的要素等。

探究活动是学生学习科学课的重要方式。课堂实验不仅是科学课探究活动的主要途径，还是学生动手动脑、训练思维能力的主要手段。实验教学不是简单的做实验—看现象—得结论的流程，不是一定按照课本中的实验照本宣科，而是根据自己所在学校的器材状况、学生的生活经验、学校的自然环境等情况具体问题具体分析。自制教具进行课堂实验也是不错的选择，自制教具不是简单的模拟复制，而是要融入教师的设计思想。自制教具的过程首先是思维的过程，教师对学科核心观念、核心价值的认识及教师对学生知识能力等发展水平的预测能力都取决于教师的思维水平；教师的思维水平高，设计的实验及教具一定是不仅能引发学生深入思考，还能够使学生运用所学知识"跳一跳"能够得到的；实验教具是教师把思维通过动手以模型的形式呈现出来，思维的质量决定了教具的品质。利用自制的教具在课堂上进行实验教学时，不仅能够引发学生的兴趣，还能激发他们积极的思考。生活中的日常用品是学生再熟悉不过的，用它们来做实验学生会有前概念基础，实验中当发生与学生前概念不相符的现象时，他们的思维会发生激烈的碰撞，更能促进其深入思考。好的实验设计和实验教具，不仅能在一节课中使用，还能在多节课不同内容中使用，不仅能在新授课使用，还能在复习课使用；好的实验设计不仅能突破教学重点、难点，还能激发学生的创新思维和思维的深度、广度、灵活度等。本书中收录的杨君老师的实验教具和实验设计，都体现了以上特点。

有效的评价不仅能为教师和学生提供反馈信息，还能促进和完善教师的教与学生的学；教学中不仅要重视终结性评价，还要重视形成性评价；不仅要评价学生的知识技能，还要注重评价学生的科学思维和科学态度。

形成性评价是从前测开始到本节课或本单元、本学期结束后的整体评价过程。评价始于前测，前测的目的就是让我们依据学生的初始概念设计教学过程，前测可以采用谈话法、问卷法、情境法等获得，教师要把前测的情况进行分析整理，以此为依据调整自己的教学目标和教学策略，进行有效的教学。在整个教学过程中，提出问题、分析问题、做出假设、制定计划、搜集证据、处理信息、得出结论、表达交流等各个环节都可以进行嵌入式评价，把整节课的教学目标分解成各个环节的小目标，使小目标更加翔实具体可操作，方便师生、生生之间的评价和互评。及时的评价能够使教师在教学过程中随时随地做出调整，提高课堂实效，进行真实的教学。科学课的核心素养目标是要培养学生的思维能力和创新能力，这就倒逼评价要求改变，更加注重科学思维能力的评价。在评价中，更多的题目是在真实的生活情境中让学生依据已有的知识和经验去提出问题、解决问题及发表独特合理的见解等，促使学生把知识内化成能力。

评价不仅是对学生学习状态的反馈，还是引领教师教学的一种重要手段。教和学决定了评价内容，评价又促进教与学的改进提高。本书中收录了部分教师的教学设计、案例，都从不同角度体现了评价的内容。

思维是科学学科重要的核心素养之一，科学实验及教具是训练思维能力的重要载体，评价是检测教师训练思维能力的重要手段。注重培养学生的思维能力，注重培养学生的批判性思维能力、创新思维能力，不仅是我们科学学科的核心素养，更是我们科学教学的灵魂。

目　录

写在《思维部分》前面

小学科学课标中明确要求：学生初步了解分析、综合、比较、分类、抽象、概括、推理、类比等思维方法，发展学习能力、思维能力、实践能力和创新能力……

教师要真正做到在课堂上培养学生的思维能力，首先自己就要知道并理解小学常用的几种基本思维方法。

比较：比较是指确定对象之间的共同点和差异点的一种逻辑方法，简单地说就是识同辨异法。

分类：分类是根据对象的共同点和差异点，将对象区分为不同种类的逻辑方法。分类是以比较为基础的。

类比：类比就是根据两个（或两类）对象之间在某些方面的相似或相同，从而推出他们在其他方面也可能相似或相同的一种逻辑推理方法。

分析：分析就是把一个复杂的事物分解为各个部分、各个要素，然后分别加以考察的一种思维方法。

综合：综合就是把分析中得到的关于客观对象各个部分的认识，按照其内在联系在思维中联结起来，形成对客观对象的整体认识的思维方法。

抽象：抽象方法是从客观对象的各种属性中抽取出本质属性的认识方法。

归纳：归纳是从个别事实中推演出一般原理的逻辑思维方法。

演绎：演绎是从一般原理推演出个别结论的思维方法。其主要形式是三段论，即由大前提、小前提和结论三部分组成。

这几种思维方法在科学教学中是浑然一体、不可分割的，有些是贯穿在整个教学过程中。我们再次回顾他们的解释，是为了提示教师在教学中有意识地时时关注思维能力训练，提升教学过程中各个环节的指向性。使教师时刻提醒自己在教学过程中不能满足于走过场、仅仅完成教学内容，一定要反思思维的训练。学生在学习中，当思维积极卷入了，学习才会真正发生。就好比我们去某个地方，虽然导航带我们去过很多次，但是当我们离开导航再去的时候还是不认识路，因为我们虽然经历了走过的路线，但仅仅是经历，导航让我们怎么走我们就怎么走，思维没有参与其中，没有内化为自己的路线，这和我们教学中表面上热热闹闹，但学生像木偶一样完成教师布置的各种操作，做过了，说过了，又留下了什么呢？换作别的问题，又将是茫然的无从思考。只有经过思维参与的深度思考，手脑并用，才能提高学生解决问题的能力。

《水》教学设计

北京市丰台区丰台第一小学　孔晓燕

一、教学内容分析

（一）课标分析

《水》一课属于物质科学领域内容。课标涉及的学习内容如下：

学习内容	学习目标
	1～2年级
2.1 水在自然状态下有三种存在状态	·观察并描述水的颜色、状态、气味等特征

（二）教材分析

水是一种常见而重要的单一物质。本课是首师大版《科学》三年级上册"人与水"单元的起始课。在本课中，学生第一次观察水，初步了解水的基本性状，为本单元继续学习水的更多知识打好基础，也为下一单元"人与空气"进一步区别、比较液体和气体做好铺垫。课程安排如图1所示。

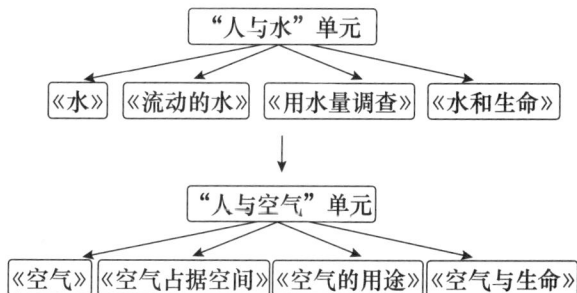

图1　课程安排

原教材这样设计：首先让学生欣赏自然界的水，意在让学生知道水存在于大自然中；然后识别几种液体；最后观察水是什么样的。不难看出教学重点：一是了解水的基本性状；二是指导学生学习观察的方法，即看、闻、尝的方法。原教材的不足之处是缺乏对学生思维方法的培养，观察方法也是灌输式的讲授，学生对"为什么要这样观察？有没有更好的方法观察？"这些问题可能产生困惑。

二、学情分析

在多年的教学中我发现，水是孩子再熟悉不过的事物了，关于"水是什么样的?"三年级的孩子不用学习也能回答上来。辨认水，对学生来说并不难，即使老师不教，他们也能准确找出哪杯是水。以下是三年级的学生对水的认识不足的三点：

（1）学生对水的判断是来自生活经验的判断，不是基于逻辑推理的判断。

（2）学生对水的观察方法是来自经验和习惯，不是优化出来的结果。

（3）学生对水的概念表达不够清晰准确。

三、学科核心素养

发展学生的思维能力是小学科学学科素养的重要内容。思维能力主要指人们在感性认识的基础上，运用分析、综合、比较、抽象、概括、归纳、演绎等基本思维方法，形成概念并进行判断和推理。本节课中，让三年级的孩子知道水是无色、透明、无气味、无味道的液体不是重点，重点是培养学生的思维方法和观察能力。

四、教学目标及重、难点

（一）教学目标

1. 科学概念

知道水是无色、透明、无气味、无味道的液体。

2. 科学探究

学生能运用多种感官对物体进行观察，培养学生良好的观察习惯和能力。

学习用气泡图对水进行描述。

初步学习运用演绎推理判断几种液体的方法。

3. 科学态度

激发学生对水的研究兴趣，培养学生小组合作和交流的能力。

4. 科学、技术、社会与环境

知道江、河、湖、海这些自然水域的水构成了自然世界。

（二）教学重点

学生能够运用各种感官对物体进行观察对比，知道水的基本性状。

（三）教学难点

培养学生良好的观察习惯和能力，初步掌握判断物体的方法。

五、教学准备

（一）分组材料

准备石头、饼干、肥皂、洗手液、橙汁、油、五个杯子的液体等实验材料，通过幻灯片进行讲解。

（二）演示材料

五个杯子的液体（水、糖水、牛奶、白醋、可乐）、干净的小棒若干、记录单。

六、教学过程

（一）分类活动，找出哪些是液体

1. 教师出示材料

石头、饼干、肥皂、洗手液、橙汁、油，让学生分成两类，并说明分类的标准。

预设：学生按照能吃的与不能吃的、能喝的与不能喝的、固体与液体分类……

策略：如果学生不能按形态分类，老师直接出示按形态分类的结果。

2. 思考

这是按什么标准分类的？如果把它们倒在桌子上会怎么样？

预设：学生区分固体和液体，并说出液体会流动。

3. 小结

像洗手液、橙汁、油这样会流动的物体叫液体。

（板书：液体）

4. 提问

你还能举例说出你知道的液体吗？

预设：学生能根据生活经验，说出包含水在内的多种液体。

【设计意图】出示生活中常见的物体让学生分类，既从学生的生活经验出发调动学生学习兴趣，又是让学生有意识地寻找物体的共同特征，培养学生运用比较思维进行求同求异。液体的概念是事实层面的概念，此处只需让学生应用经验知道什么东西是液体，在后面学习空气后会进一步认识液体。

（二）观察辨认哪杯是水

1. （教师出示5杯液体）提问

这些都是液体吗？你觉得这些液体里有没有水呢？你的理由是什么？

预设：有的学生认为看到液体没有颜色就能判断是水。

策略：教师引导学生进一步思考，只看颜色能准确找出水吗？

预设：学生回答不能，还得闻一闻或尝一尝。

2. **引导学生优化找水的方法**

如果让你又准确、又快速地挑出哪杯是水，你会用什么办法？

预设：学生能想到通过看颜色和透明度、闻气味和尝味道辨认水，但不能说出闻和尝正确的方法。

策略：

（1）提问：闻和尝有什么要注意的地方吗？

（2）讲解：不知道的物体不能随便闻或尝，以免有毒，对可以闻和尝的物体我们也要用正确的方法。

（3）演示正确闻和尝的方法，提示实验要注意的地方。

（出示幻灯片讲解、演示正确的闻和尝的方法，如图2所示）

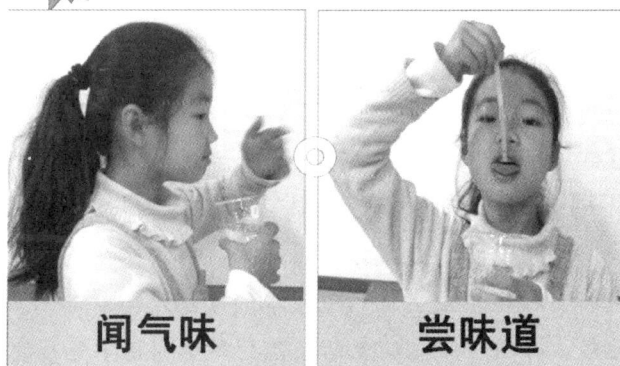

提示 不知道的物体不能随便闻和尝

闻气味　　　尝味道

图2　正确的闻和尝的方法

3. **学生按自己的想法找出哪杯是水**

【设计意图】找出哪杯是水并不困难，重点是让学生凭着生活经验饶有趣味地辨认水，在活动中获得充分的体验，以利于后续进一步优化找出水的方法，体会科学观察顺序的重要性。教师不必过多讲解，只需要强调正确地看、闻、尝的方法和实验要注意的地方。

4.学生汇报找出水的方法和结果

教师提问：请大家边听边想，其他组的方法与你们小组的方法一样吗？你们有什么更好的方法和大家分享？哪种方法更好？

预设：学生大多都采用闻一闻或尝一尝的方法。

5.教师提出挑战任务，优化找出水的方法

（1）提问：你能只用一根小棒蘸取液体，通过只尝一种液体就能找到水吗？

预设：学生交流方法，部分学生会想到先看——找出没有颜色的几种液体，再闻——从没有颜色的几杯液体中找出没有气味的液体，最后尝——用一根小棒蘸取剩下的两种液体中的一种尝味道，如果没有味道就是水，如果有味道那么另一杯就是水。

（2）引导学生整理观察的方法：在找出水的过程中，你们用到哪些感官？观察什么？有没有顺序问题？按这一顺序观察的方法好在哪儿？

预设：学生发现观察不仅是用眼睛看颜色和透明度，还要用鼻子闻气味，用舌头尝味道，而且观察按照先看再闻最后尝的顺序更合理，速度也更快。

板书：一看　颜色、透明度

　　　　二闻　气味

　　　　三尝　味道

【设计意图】通过"你觉得这些杯中有水吗？理由是什么？"展现学生基于生活经验辨别水的多种观察方法，然后再引导学生完成挑战任务，从多种方法中分析、梳理出最优化的观察水的方法是一看二闻三尝。在对方法的提出、比较、分析中完成从生活经验的观察到科学观察的转变。

（三）画图归纳水是什么样的

1. 教师引导学生归纳

水是什么样的呢？通过问题指导学生用气泡图的形式记录。

2. 学生分组讨论，在纸上用气泡图的形式整理（如图3所示）

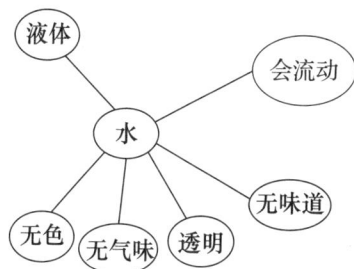

图3　气泡图

3. 全班汇报交流

预设1：学生认为水是白色的。

策略：教师引导学生将水与白色的液体做比较，从而认清水是无色的。

预设2：学生写得不全。

策略：教师引导其他学生补充。

4. 学生归纳

水是无色、透明、无气味、无味道、会流动的液体。

【设计意图】训练学生用气泡图做记录。引导学生自己梳理认知、归纳整理，培养学生归纳的能力，丰富、完善对水性状的认知。

（四）梳理怎样判断哪杯是水

1. 教师引导学生思考

你们各组找出来的每杯水以及老师的这杯水都一样吗？这些水是不是都符合我们归纳出的水的特征呢？

预设：（教师出示表格，带着学生对应表格内容梳理）学生通过表格认识到，不同杯子里的水都具有相同的特征，都符合表格中呈现的水的特征。

液体名称	无色	透明	无气味	无味道	会流动	液体
水	√	√	√	√	√	√

2. 教师拿出其他四杯液体，引导学生进一步思考

你们判断这些液体都不是水，它们不符合水的哪些特征呢？这些液体是什么呢？要想解决这些问题，你怎样进行研究？

预设： 学生想到用学过的"一看、二闻、三尝"的方法研究每种液体。

3. 学生小组活动，填写记录单

教师提问： 在序号后填上液体名称，并用"×"或"√"来表示是否符合水的特征。

液体名称	无色	透明	无气味	无味道	会流动	液体
水	√	√	√	√	√	√
白醋	√	√	×	×	√	√
可乐	×	×	×	×	√	√
牛奶	×	×	×	×	√	√
糖水	√	√	√	×	√	√

4. 引导学生观察表格，进行思考

我们怎样判断一种物体是不是水呢？

预设 1： 学生能够说出，符合水所有特征的，我们就可以判断它是水，有一个或几个不符合水的特征我们就判断它不是水。

预设 2： 学生不能够说出。

策略： 教师引导学生观察表格，从表格中发现有一个或几个不符合水的特征，我们就判断它不是水；符合水的所有特征的，我们就可以判断它是水。

【设计意图】 水的定义方式属于合取定义，合取定义的特点：每个分支都为真，定义才真；有一个分支为假，定义为假。在学生充分观察水、认识水之后，让学生运用演绎推理中的联言推理：有颜色，不是水；有气味，不是水；不透明，不是水；不能流动，不是水。即有一个分支不成立，则结论不成立。只有同时具有无色、透明、无气味、无味道和会流动这些特征，才可判断是水。分析、判断其他液体为什么不是水，在判断中，强化对水的特征的认识，渗透思维方法的培养。

（五）发现水的各种变化

1. 思考

教师提问：牛奶、盐水、白醋、可乐这些液体里面有没有水？

预设：大部分学生知道盐水就是把盐放到水中制成的，还有少部分学生知道牛奶、白醋、可乐的成分里都有或多或少的水。

【设计意图】引导学生发现不是水的液体里也含有水。

2. 出示一组图片：蓝色的大海、白色的云朵、冰雪、西瓜

教师引导学生观察：从图中你还能找到水吗？

3. 学生交流

预设：海水里面大部分是水，云是空中的水珠，冰是水结成的，水果里面的果汁包含水。

4. 教师总结

水在自然中，不一定是像杯子里的水这么纯净，水可以溶解很多其他物质，水可以是一滴一滴小小的水珠悬浮在高空，水还可以变为固体状态，水也可以隐藏在很多物体中。你看水是一种多么奇妙、有趣的东西，下节课我们再继续研究它。

【设计意图】对水的认识进行拓展，帮助学生认识到我们杯子里的水是纯净的、液态的水。通过渗透水能溶解一些物质这一点，学生可以认识到水在自然界中无处不在而且善于变化。这既可以激发学生继续研究水的兴趣，又可以带给学生更多的思考，为后续的学习做铺垫。

七、板书设计

水

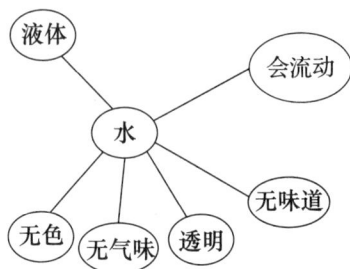

一看　颜色　透明度
二闻　气味
三尝　味道

八、教学反思

1. 观察能力的培养

引导学生经历提出多种方法—优化方法—分析理由这一过程，帮助学生在分析、对比中认识到"一看、二闻、三尝"这一科学观察方法的优点，使学生认识到观察是有目的、有计划、有规律的。

2. 思维方法的渗透

训练学生判断事物的基本方法和思维的方法，而不是仅凭生活经验去判断。小学生在发展推理技能时，要指导他们学习一些基本的逻辑推理知识，使他们的推理结果更合理。通过引导学生经历理性的推理过程，学生对概念的理解会更加深刻，思维能力也会得到有效地培养。

《果实的形成》教学设计

北京市丰台区丰台第一小学　张莉

一、教学内容分析

（一）课标分析

《果实的形成》隶属于生命科学领域，学习目标来自《义务教育小学科学课程标准》（全书以下简称《小学科学课标》）3～4 年级的学习内容。

学习内容	学习目标
	3～4 年级
8.2 植物的一生会经历不同的发展阶段，外部形态结构也会发生相应的变化	·说出植物通常会经历由种子萌发成幼苗，再到开花、结出果实和种子的过程
8.3 植物能够适应其所在的环境	·举例说出生活在不同环境中的植物其外部形态具有的不同特点，以及这些特点对维持植物生存的作用

《小学科学课标》对 3～4 年级的科学探究目标做了如下要求：

要素	科学探究学段目标
	3～4 年级
证据	用多种感官和选择恰当的工具、仪器，观察并描述对象的外部形态特征及现象
得出结论	在教师引导下，能依据证据运用分析、比较、推理、概括等方法，分析结果，得出结论

为了达到以上目标，学生不仅要进行观察、解剖等一系列活动，还要运用分析、比较、推理、归纳、概括等思维方法，将花的构造、种子的结构、果实的结构、果实的形成建立联系，从而建立果实的形成这一科学概念。

（二）教材分析

《果实的形成》是首师大版《科学》第四册"植物的花和果实"单元的最后一课。学生在三年级时学习的《种子的结构》，以及本单元中《花的结构》《果实的结构》是认识《果实的形成》的基础知识，可以帮助学生分析、推理果实的形成。花的内部结构和果实的构造与果实、种子的形成有很大的关系，所以学生只有充分认识花的结构和果实的结构后，才能与其将种子、果实的形成建立联系，从而建立果实的形成这一科学概念。

二、学情分析

1. 科学概念方面

在前面的学习中，学生已经掌握了植物具有六大器官以及种子、根、叶、茎、花的结构，知道完全花是由花瓣、萼片、雄蕊、雌蕊四部分组成，雄蕊分为花丝和花药两部分，花药中有花粉，雌蕊分为柱头、花柱、子房三部分；在《果实的结构》一课中，知道果实是由果皮和种子两部分组成的。

桃是学生在日常生活中常见的果实，所以以桃为例探究果实的形成学生更容易理解。在对学生的调查中发现，一部分学生认为桃的形成与桃花有关，还有一部分学生认为与种子有关或与茎有关。虽然桃在生活中很常见，但是学生更多地关注到色彩艳丽的花和香甜的果实，往往忽视桃是桃花形成的这一现象。因为从桃花到桃的形成是一个缓慢的动态过程，学生缺乏长期持久的观察，传粉受精的过程无法直接观察到，所以学生理解起来有一定困难。本课让学生在观察中建立桃花与桃的联系，运用对比、分析、推理、概括的方法，帮助学生认识到桃是由桃花发育而来的。

2. 探究能力方面

通过一年多的科学学习，学生已经初步具有观察事物的能力，知道在对事物进行观察时不仅可以观察外部的特征，还可以通过解剖的方法观察内部的特征，并在观察的基础上初步进行比较和分析。但是在观察事物时，学生的观察往往不够全面，而且对于花谢后会形成果实的过程没有进行过持续的观察，无法将花与果实建立联系。可见，学生在初步观察的基础上，对事物进行长时间持续观察的能力，以及对事物进行比较、分析，依证据进行推理的能力还有待提高。

三、学科核心素养

国家核心素养与学科核心素养中均强调对学生科学思维的培养。中国学生核心发展素养中的科学精神方面包括理性思维，理性思维即"崇尚真知，能理解和掌握基本的科学原理和方法；尊重事实和证据，有实证意识和严谨的求知态度；逻辑清晰，能运用科学的思维方式认识事物、解决问题、指导行为等"。科学学科核心素养中的科学思维与创新部分指出："科学思维是具有意识的人脑对科学事物（包括科学对象、科学现象、科学过程、科学事实等）的本质属性、内在规律性及事物间的联系和关系间接和概括的反映。科学思维有多重方法，包括分析与综合、抽象与概括、比较与分类、逻辑推理、类比推理、臻美思维等。"基于国家核心素养与学科核心素养对科学思维培养的重视，发展学生的思维能力是小学阶段科学教育课堂教学的重要目标，是培养学生能力的关键。因此，本课注重培养学生的科学思维能力。在教学中，教师有目的地让学生针对花和果实进行观察、比较、分析，养成以证据推理为核心的理性思维习惯。

四、教学目标及重、难点

（一）教学目标

1. 科学概念

通过观察对比花与果实的结构，知道绿色开花植物果实的形成过程。

2. 科学探究

在教师的引导下，能依据证据，运用分析、比较、推理、概括等方法，认识两性花果实的形成过程。

3. 科学态度

具有对植物生长持续观察和研究的兴趣和意识。

4. 科学、技术、社会与环境

认识到植物是在不断生长的，是有生命的。

（二）教学重点

通过观察对比花与果实的结构，知道绿色开花植物果实的形成过程。

（三）教学难点

在教师的引导下，能依据证据，运用分析、比较、推理、概括等方法，认识两性花果实的形成过程。

五、教学准备

准备桃枝（有桃花以及不同发育阶段的小桃）、成熟的桃、解剖刀、放大镜等实验材料，通过记录单、幻灯片、视频《桃的形成》、辅助软件来进行讲解和演示。

六、教学过程

（一）聚焦——果实的形成与花有关

1. 复习桃花和果实的结构

教师出示桃花，谈话：在前面的学习中，我们已经学习了桃花和桃的结构（如图 1、图 2 所示），回忆一下，把桃花和桃的各部分名称贴在黑板上。

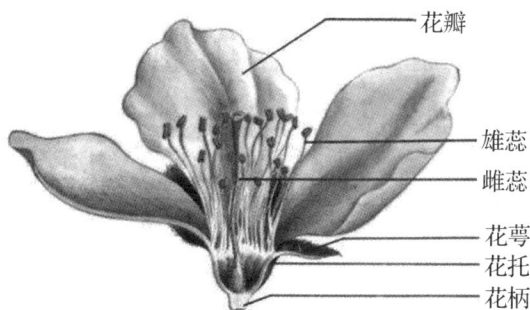

图1 桃花的结构　　　　　　　　图2 桃的结构

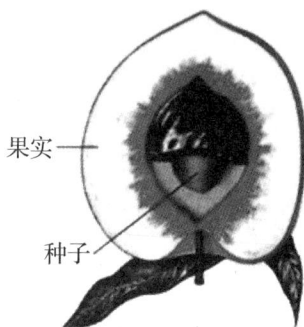

【设计意图】回顾前面学习过的花的结构以及果实的结构，因为花的结构、果实的结构与果实的形成关系紧密，学生只有在建立了花的结构和果实的结构的科学概念后才能与果实的形成过程建立联系，从而认识到果实是花发育而成的。在此写出花的各部分名称和果实的各部分名称，也对后面学习果实的形成起到辅助作用。

2. 聚焦问题，果实的形成与花有关

教师提问:4月初，正是桃花盛开的时候，那时我们学习了桃花的结构，现在是5月中旬了，桃花发生了一些变化。想一想，现在的桃花是什么样子的?

预设1:花朵枯萎了、花瓣掉落了。

预设2:桃花虽然凋谢了，但是桃花原来的位置长出了小桃。

针对预设1:桃花凋谢了以后桃树枝上会不会有什么变化呢? 教师出示桃树枝，请你观察，你发现了什么?

预设3:桃树枝上会长出小桃。

针对预设2:桃是桃花形成的吗?

教师总结:桃花和桃有什么关系呢? 桃是怎样形成的呢? 今天这节课我们就一起来研究果实（桃）的形成。

【设计意图】学生会出现不同的猜想，展示了学生的前概念，教师可以了解学生的初始想法。

（二）探索——寻找证据证明果实的形成与花有关

1.观察桃枝上的果实，寻找果实的形成与花有关的证据

（1）观察果实（桃），证明桃的形成与桃花有关

教师提问：同学们刚才说到桃的形成与桃花有关，你能在这枝桃树枝上找到证据吗？

教师发给每组同学一枝真实的桃树枝（如图3所示）（教师要告诉学生这些桃树枝是园林工人修剪下来的，教师将这些废弃的桃树枝采集来供同学们观察，提醒大家不可以随便伤害植物）。

图3　桃树枝

学生从桃树枝上寻找证据，学生找到证据证明桃的形成与桃花有关。

预设：我认为桃是由桃花发育成的，我找到的证据是一个刚刚形成的小桃，在这个桃上还留有干枯的花瓣、雄蕊、萼片。（如图4所示）

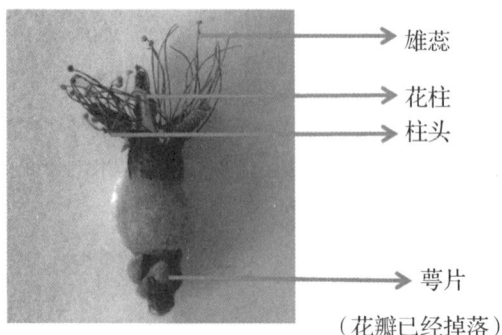

雄蕊

花柱

柱头

萼片

（花瓣已经掉落）

图4　学生找到的刚形成的小桃

教师总结：通过同学们的观察，我们发现，桃的形成与桃花有关。

【设计意图】指导学生有依据的推理，学生要在真实的桃树枝上寻找证据。教师引导学生观察一个刚形成的小桃，找到花的痕迹，证明果实的形成与花有关。

（2）观察多个果实（桃），证明桃的形成与桃花的子房有关

教师提问：通过观察一个桃，我们找到了证据，证明桃的形成和桃花有关。那你还能从桃枝上找出其他的证据吗？

预设：我们组找到的证据是桃树枝上有很多大小不同的桃，当把它们进行排序时，我们可以发现在这些小桃上都能找到桃花的痕迹，只是桃花的子房膨大的程度不同。（如图5所示）

图5　学生找到的不同大小的小桃

教师总结：通过进一步观察，我们又找到了新的证据，证明桃的形成和桃花有关，并且是与桃花的子房有关。

（在学生汇报过程中，使用辅助软件，直播学生的汇报内容。）

【设计意图】进一步引导学生观察同一枝桃枝上不同发育阶段的桃，证明桃的形成与桃花有关。此环节辅助软件的使用，可以让学生清楚地看到介绍组的桃枝，便于学生间的交流，虽然每个小组的桃枝各不相同，但是可以通过汇报时的展示和观察互相补充，最终证明桃的形成确实与桃花的子房有关的科学认知。

2. 解剖观察桃的结构和子房的结构，再次寻找桃的形成与桃花有关的证据

教师提问：我们刚才从外部观察找证据知道桃是由桃花的子房形成的，我们还可以怎样观察了解果实的形成？

学生知道要对果实和子房进行解剖，从内部结构观察、比较、分析，将子房的各部分与果实的各部分建立联系。

教师解剖——纵切子房，学生进行观察。

预设：子房里面有一个白色的小珠子，外面有一层绿色的皮包裹着，皮上有绒毛。

教师讲解：里面白色的小珠子叫胚珠，外面包裹的部分叫作子房壁。

学生解剖——纵切刚发育的桃。

预设：我们发现中间是白色的种子，外面包裹的部分是果皮，果皮上有绒毛。

教师追问：解剖子房和桃后，你能推测出子房和果实的内部各部分之间是怎样的关系吗?（如图6、图7所示）

预设：果实里的种子是由子房里的胚珠长大形成的；果实的果皮是由子房壁发育形成。

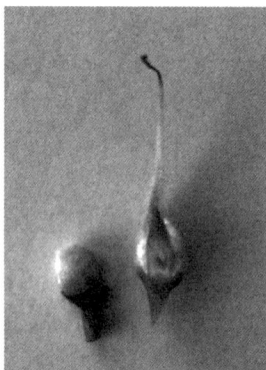

图6　子房的结构　　　　图7　刚发育的果实的结构

【设计意图】 上一环节教师引导学生从桃的外部进行观察，本环节通过解剖子房与桃，从内部进行观察比较。通过桃发育初期的子房的剖面图与桃发育中期的剖面图对比，引导学生在对比观察中，运用比较、分析、概括和推理等思维方法，建立花与果实的联系，即子房壁会发育成果皮，胚珠会发育成种子。同时培养和发展学生的比较、分析、概括、推理等思维能力。

教师讲解：通过刚才解剖不同发育阶段的桃，在对比观察它们的内部结构时，可以看到子房里面有一个白色的小珠子，这个小珠子叫作胚珠，外面包裹的部分叫作子房壁，胚珠不断长大，子房壁在不断地增厚，胚珠最后形成了种子，而子房壁形成了果皮。（如图8所示）

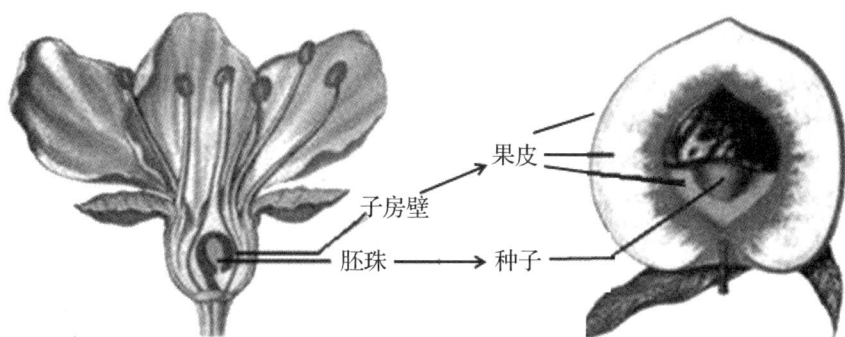

图8　果实形成图

3. 根据果实的形成过程，完善对果皮的认识

教师提问：我们已经知道了桃除了种子以外的部分（桃皮、桃肉、硬壳）都叫果皮，请大家想一想为什么。

学生讨论然后汇报：胚珠形成种子，子房壁会形成果皮，桃皮、桃肉、硬壳都是由子房壁形成的。

教师总结：根据果实发育的来源，可以帮助我们区分种子和果皮，果皮是由子房壁发育形成，包在种子的外面。

【设计意图】通过观察子房与桃的内部结构，在比较和分析后，学生初步建立了子房与桃的联系，即子房壁会发育成果皮，子房里的胚珠会发育成种子，所以解释了坚硬的桃核为什么是果皮的疑问。因为种子以外的包裹部分，不管是软是硬，都是由子房壁发育而来的，所以都是果皮。

（三）探究——果实的形成过程

1. 猜想花粉落在哪儿可以形成果实

教师提问：每朵花都有子房，那是不是每朵桃花都能长成桃呢？

预设：不是，还需要花粉。

教师提问：花粉在哪儿？

预设：花粉在雄蕊的花药中。

教师提问：要经过传粉可以形成果实，花粉要落在哪儿才可以形成果实呢？请你用简单的文字、图形画出你的猜想。（如图9所示）

21

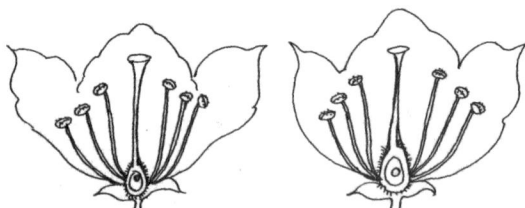

图9　记录单

【设计意图】画图是促进学生思维发展的一个载体，通过各种图形关系帮助学生把抽象问题具体化、直观化，实现了学生的科学思维由形象向抽象的过渡。

展示学生的记录单，让学生充分汇报和交流。

预设1：认为花粉由风吹到柱头上，然后会沿着花柱中的管道掉落进子房内。（如图10所示）

预设2：认为花粉由小蜜蜂带到柱头上，然后会沿着花柱中的管道掉落进子房内。（如图11所示）

预设3：认为花粉会掉落在花里，也就是子房的外部，然后从子房外面的孔钻进子房里。（如图12所示）

  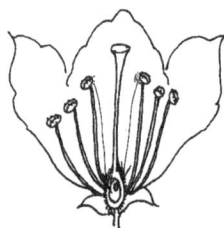

图10　预设1　　　　图11　预设2　　　　图12　预设3

教师总结：同学们有这么多种猜想，到底花粉落在哪儿才能形成果实呢？科学家们也研究过这个问题。

2. 介绍科学家研究发现花粉落在柱头上才会形成果实的证据

（1）**教师讲解**：科学家们用电子显微镜观察，发现花粉只有落到柱头后，才会萌发出花粉管，落在其他地方都不会萌发，花粉管不断向下延伸，到达子房里的胚珠，花粉管里的精子携带着遗传物质进入胚珠中的卵细胞，

这就是受精。受精后，胚珠形成种子，子房壁不断膨大，形成果皮，果皮包裹着种子形成果实。（如图13、图14所示）

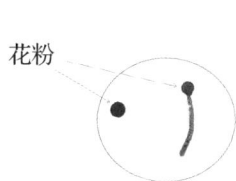

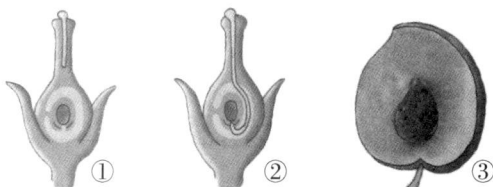

图13　花粉和花粉管　　　　　图14　受精及果实形成过程

（2）播放视频：《果实的形成》。

（3）**教师提问**：看完视频，请用几个词语来描述一下植物从开花到果实的形成会经历的过程。

预设：开花→传粉→受精→结果。

【设计意图】本环节的学习重点是研究子房，学生通过认识花粉、雌蕊在果实形成中的作用，进一步深化认识果实是子房发育而来的。第一个问题"是不是每朵桃花都能形成桃"引发学生思考，第二个问题"是不是有子房就能发育成果实"引导学生认识雄蕊中花粉的作用，只有经过传粉才能形成果实。花粉传送到柱头后，会发生怎样的变化是学生感兴趣的问题，在学生充分推测的基础上，利用多媒体演示花的受精过程，变静态为动态，验证学生的推测。

（四）拓展

教师展示幻灯片图片，提问：花瓣落了一地，这棵桃树还能形成果实吗？为什么？（如图15所示）

图15　花瓣掉落后的桃树

预设 1：可以形成果实，因为已经完成传粉、受精，子房开始发育，原来的花瓣就没有用了，所以掉下来了。

预设 2：没有经过传粉的花掉落下来，不能形成果实。

策略：给学生布置课下作业，设计实验验证没有经过传粉的花不能形成果实。

预设 3：刚刚发育的子房可能会掉落，由于整株植物的果实过多，导致营养不足，还有风等外在原因导致掉落，但是树上那些受精的花是可以结出果实的。

教师总结：同学们分析的都有道理，有的同学是从果实的形成过程进行分析，花要经过传粉、受精才能形成果实；有的同学是从营养的角度进行分析，大家都是基于证据进行的分析推理，科学家在研究问题时也是这样思考的。

【设计意图】对学生学习的掌握情况的检测，不管学生回答可以形成果实还是不可以形成果实，只要能够阐明自己的理由即可。在学生的回答中，可以判断学生是否知道形成果实的条件，以及果实的形成过程。

七、板书设计

果实的形成

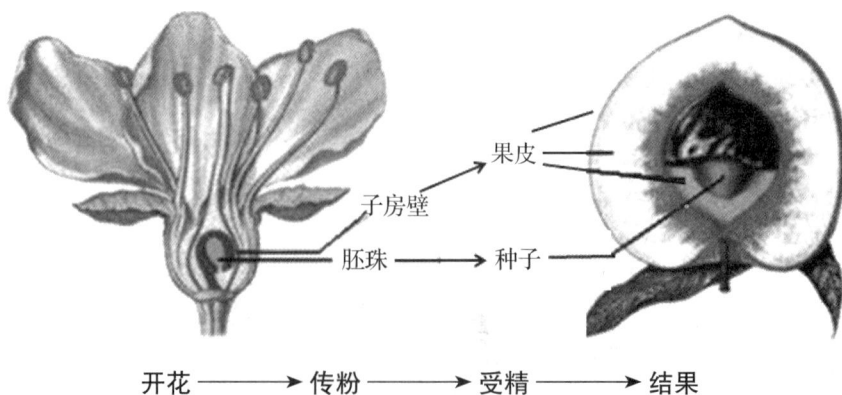

子房壁 —— 果皮

胚珠 —— 种子

开花 ——→ 传粉 ——→ 受精 ——→ 结果

八、教学反思

在设计本课之初，教师首先对新旧课标，以及教材、教学参考书进行了深入研究。《果实的形成》这一课对于学生来说有一定难度，因为在生活中学生更多地关注到色彩艳丽的花和香甜的果实，对于从花到果实的形成过程并没有进行长期细致的观察。而果实的形成过程是一个缓慢的动态过程，学生不容易观察到。鉴于此，最终将培养学生的思维能力作为本课的教学重点。在科学探究过程中关注对学生思维能力的培养，让学生在观察中进行比较、分析、推理、想象，从观察一个桃到观察多个桃，再到动手解剖不同发育阶段的桃，比较桃的内部结构变化，寻找不同的证据证明桃是由桃花发育而来的，从而认识果实的形成过程。在探究过程中，学生运用多种思维方法进行学习，这使得学生的思维得到发展。

有结构的材料观察，帮助学生建构科学概念。以往的教学，只通过观察花粉、胚珠思考果实的形成过程，学生无法进行有依据的分析。本节课教师给每组学生一根桃枝，这根桃枝展示了花瓣凋谢、子房膨大、果实初步形成的不同阶段，直观地帮助学生建立了花与果实的联系，让学生建立了果实是花经过传粉、受精后形成的这一科学概念。通过观察电子显微镜下的花粉和观看视频，看到传粉后花粉的变化，学生认识了传粉、受精，直至形成果实的整个过程。本课注重从外部到内部将花和果实建立联系，帮助学生认识到果实是由花发育而来的。

《空气占据空间》教学设计

北京小学丰台万年花城分校　李兵兵

一、教学内容分析

（一）课标分析

空气占据空间属于物质科学领域，《小学科学课标》要求知道空气具有质量并占有一定的空间，空气总会充满各处。

（二）教材分析

首师大版教材中有三个经典实验：玻璃杯内塞纸倒扣水中；将装满空气的袋子，压入水中；将水倒入塞紧瓶塞的集气瓶中。这些实验都是借助了水这个载体，帮助学生建构起空气占据空间的概念，但缺乏思维发展上的连贯性和延续性。

二、学情分析

学生已经知道空气是无色、无味、透明、会流动的气体，空气可以流动，没有固定的形状，由于学生对"占据空间"的不理解，使学生不清楚空气是否占据空间。如果让三年级学生理解敞口的空瓶子里充满空气，学生能够接受，但要说瓶子里的空气是占据瓶子空间的，学生理解起来还是有一定难度。

三年级学生缺乏推测意识，更没有认识到推测对于科学探究的重要性，需要教师逐步引导与培养。

三、学科核心素养

科学领域公共核心素养关于科学思维是这样描述的：从科学视角对客观事物的本质属性、内在规律及相互关系的认识方式；是对科学中的基础理论、理想模型和经验事实之间的关系的理解；是分析综合、抽象概括、推理论证等科学思维方法的内化；是基于事实证据和科学推理对不同观点和结论提出质疑、批判，进而提出创造性见解的能力与品质。本课通过一系列的有结构的评价活动发展了学生的类比推理能力。

小学科学学科核心素养中关于科学推理是这样描述的：重点是正确使用分析、综合、归纳、演绎、比例、概率、控制变量等方法；从定性和定量两个方面进行科学推理，形成规律和理论，解释自然现象和解决实际问题。在本课的教学过程中，通过实验活动引导学生利用分析、归纳的方法在发展思维的过程中构建、巩固、深化科学概念。

四、教学目标及重、难点

（一）教学目标

1. **科学概念**

空气占据空间。

2. **科学探究**

空气占据空间是可以被观察和描述的。

学会用词汇描述观察的结果。

3. **科学态度**

对实验进行合理的猜想并阐述理由。

发表有根据的观点，做出科学推测。

激发学生探究空气的兴趣。

4. **科学、技术、社会与环境**

利用简单的科学知识就可以进行创新、创造。

（二）教学重点

理解空气占据空间。

（三）教学难点

能利用空气占据空间概念合理解释实验现象。

五、教学准备

实验材料

1. 两个底部用导管连接的瓶子（如图 1 所示）。

2. 两个瓶子，一个瓶盖带有排气孔及集气袋的装置（如图 4 所示）。

3. 连成一条直线的 3 个串联在一起的瓶子（如图 5 所示）。

4. 连成环形的 3 个串联在一起的瓶子（如图 6 所示）。

六、教学过程

（一）认识液体、固体占据空间

1.形成液体占据空间的概念

（1）教师出示一个装满水的塑料瓶，并向里面加水演示。

（2）教师提问：为什么向装满水的瓶子里继续加水，水会流出来？

预设 1：瓶子里的水满了；瓶子里面没有地方了。

预设 2：瓶子里没有空间了。

（3）**教师讲解**：装满了，没地方了，也就是没有容纳的空间了。我们可以说水占据了瓶子的全部空间。

【设计意图】帮助学生理解液体占据空间的概念。对于瓶子来说，所谓空间，就是瓶子里装水的地方，可以容纳物体的地方。知道水（液体）是占据瓶子的空间的。

2.形成固体占据空间的概念

教师出示装满绿豆的瓶子。

教师提问：刚才是水占据了瓶子的空间，现在可以说，是谁占据了谁的空间呢？

预设：绿豆占据了瓶子的空间。

【设计意图】从液体占据瓶子的空间，类比出绿豆占据了瓶子的空间。

教师提问：你认为绿豆占据了整个瓶子的空间吗？

预设：绿豆没有占据全部空间，有缝隙，缝隙里有空气。

教师提问：可以用什么填满绿豆间的缝隙呢？

预设：向装有绿豆的瓶子内加水。

教师演示向瓶内加水。

教师讲解：现在我们可以说绿豆和水占据了瓶子的空间。

教师提问：看看教室里的物品，你能说一说，谁占据了谁的空间吗？

【设计意图】通过运用归纳思维方法，学生得出固体、液体都会占据空间的科学概念。

（二）认识空气占据空间

1. 初步感知空气占据空间

（1）教师出示一个里面没有装任何东西的瓶子。

（2）**教师提问**：这是一个空瓶子吗？

预设：不是，里面装有空气。

（3）**教师提问**：瓶子里的空气占据空间吗？

预设 1：空气不占据空间。

预设 2：空气占据空间。

预设 3：不确定。

【设计意图】提出问题引发学生思考。通过讨论，引发学生进行类比推理大胆猜测或引发学生间的思维碰撞，进而激起学生的探究兴趣。

2. 探究空气是否占据空间

（1）**谈话**：看来大家对空气是否占据空间还是有争议的，别着急，我们来做个小实验，看看你能否在实验中寻找到答案。

（2）教师出示实验装置1（如图1所示）

教师提问：如果打开1号瓶的瓶盖（如图2所示），水会不会顺利流进2号瓶子？

图1　实验装置1　　　　　　图2　实验操作

学生填写猜想水位变化——实验报告单1（如图3所示）。

猜想水位变化（一）

上升↑　下降↓　不变一

如果只打开1号瓶盖，我猜想：
1号瓶的水位会（　　　）,2号瓶的水位会（　　　）。

图3　实验报告单1

学生汇报说出理由。

预设1：水能顺利流进2号瓶，1号瓶水位下降，空气不占据空间。

预设2：水不能流进2号瓶，1号瓶水位不变，空气占据空间。

教师打开1号瓶盖验证学生猜想（如图2所示）。

教师提问：你看到什么现象？说明了什么？

预设：水不能流进2号瓶，2号瓶并不是什么都没有，里面是有空气的，空气占据空间。

教师提问：怎样才能使1号瓶的水流进2号瓶呢？

预设：再打开2号瓶的瓶盖，让2号瓶里的空气跑出来，腾出空间，1号瓶的水就会流进2号瓶，水才能占据2号瓶的空间。

教师讲解：你们的分析对吗？打开瓶盖验证一下吧。（如图4所示）

[提示] 反复拧紧或松动2号瓶的瓶盖，注意观察两个瓶子的水位。

学生验证，组内交流，教师巡视。

（3）**教师总结**：因为空气看不到，摸不着，所以它不能像绿豆和水那样被我们直观地看到占据空间，但是我们借助实验材料，通过有趣的实验活动，"看到了"空气确实是占据空间的。

图4　学生验证

【设计意图】这个实验在不断地拧紧瓶盖和松动瓶盖的过程中，借助水推动空气流动，使学生"看到"空气占据空间这一现象，实现了由推理到具象的过程，帮助学生建立起空气占据空间的概念。

3.借空气推动水流动，帮助学生加深对空气占据空间的理解

（1）教师出示实验装置2（图5）。

（2）**教师提问**：如果将装水的1号瓶的瓶盖打开，再打开连接集气袋（瘪的）的导管上的开关，猜一猜，会发生什么现象呢？

（3）学生猜想。

预设1：1号瓶的水位会下降，2号瓶的集气袋会鼓起来。

图5　实验装置2

预设2：什么都不会发生，没有变化。

（4）**教师演示**，收集气体。

【设计意图】让学生通过建构的空气占据空间的概念，进行猜测。当学生看到在水挤压下，空气渐渐进入集气袋，集气袋渐渐鼓起来，既证实猜测又能激发起学生强烈的好奇心。

（5）**教师提问**：如果压一压集气袋的空气，会发生什么现象呢？

（6）学生猜想。

预设1：两个瓶子里的水位会有变化。

学生：2号瓶连接的集气袋里的空气会被挤压进2号瓶，因为空气占据空间，空气就会将2号瓶内的水再次挤回1号瓶，1号瓶水位升高，2号瓶的水位下降。

预设2：两个瓶子里的水位不会有变化。

学生：因为1号瓶里有水，水占据空间，空气太轻了，不能推动水流动，所以水进不来，两个瓶子内的水位不会有变化。

（7）请学生来辅助演示，验证猜想。

【设计意图】调动学生情绪，积极参与。通过反复收集空气并挤压集气袋，让学生看到水和空气交替占据空间的现象，反复证明空气占据空间，体现出这一概念在逻辑上是确定的，同时在实践上是可检验的。激发起学生的好奇心、探究欲。

（8）谈话：请你描述看到的现象。

（9）学生描述。

【设计意图】让学生看到空气占据空间，在水推动空气和空气推动水的转换中，让学生从不同角度，反复地观察、思考，再次证明空气占据空间。

（三）课堂评价

评价1

（1）教师出示实验装置3（如图6所示），3个连成一条直线的瓶子，瓶盖标注1、2、3号。

图6　实验装置3

（2）谈话：如果只打开1号瓶的瓶盖，猜想2号瓶、3号瓶的水位变化。

（3）学生填写猜想水位变化——实验报告单2（如图7所示）。

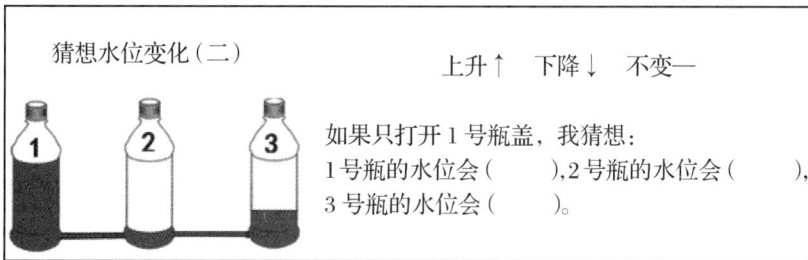

猜想水位变化（二）　　　　　　　　上升↑　下降↓　不变—

如果只打开1号瓶盖，我猜想：
1号瓶的水位会（　　），2号瓶的水位会（　　），
3号瓶的水位会（　　）。

图7　实验报告单2

预设：水流不进2号瓶、3号瓶，1号瓶水位无变化，因为2号瓶、3号瓶里的空气占据空间。

（4）实验验证。

（5）**教师提问：**如果1号瓶、3号瓶同时打开，水位会发生怎样变化?

（6）学生填写报告单。

预设1：水流不进2号瓶、3号瓶，1号瓶水位无变化。

学生：因为2号瓶里的水占据空间、空气也占据空间，所以水不能流进3号瓶，水位也就不会变化。

预设2：水流通过2号瓶，流进3号瓶，2号瓶水位不变，3号瓶水位升高，1号瓶水位降低。

学生：尽管2号瓶里的水占据空间、空气也占据空间，但3号瓶的瓶盖已经打开，这时水就可以通过2号瓶流进3号瓶，2号瓶底部相当于把导管扩大了，瓶子上半部分空气占据空间，所以2号瓶水位不变，但水会流进3号瓶，使3号瓶的水位升高，同时，1号瓶的水位降低。

（7）实验验证。

（8）**教师提问：**谁能解释原因?

（9）学生回答。

预设：打开1号瓶和3号瓶的瓶盖，2号瓶的瓶盖是拧紧的，空气不能流出，因此水位不会升高。1号瓶和3号瓶的瓶盖都是打开的，这样3号瓶的空气就会在水流的推动下，跑出来，腾出空间，2号瓶的底部与3号瓶相通，跟管道一样，水就可以从1号瓶流进3号瓶了。

（10）教师对学生的猜想与分析做出评价。

评价2

（1）教师出示实验装置 4（如图 8 所示），3 个连成环形的瓶子，瓶盖标注 1、2、3 号。

图8　实验装置4

（2）谈话：如果只打开 1 号瓶盖，猜想 2 号瓶、3 号瓶的水位变化。

（3）学生填写猜想水位变化——实验报告单 3（如图 9 所示）。

猜想水位变化（三）

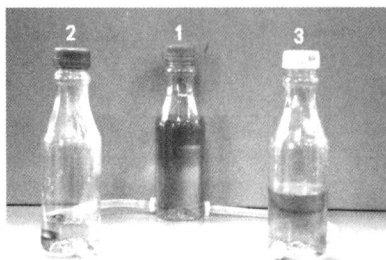

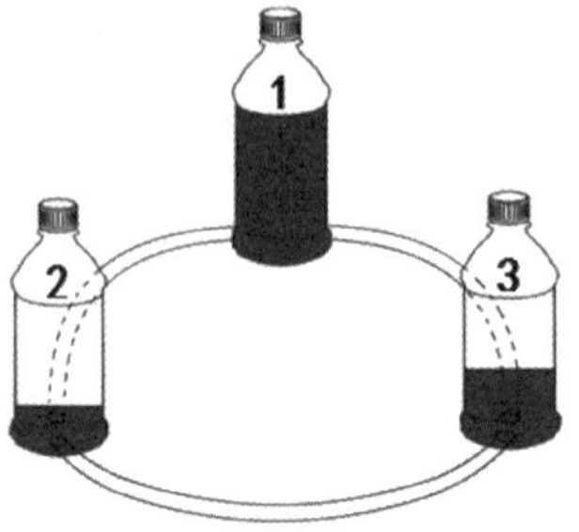

上升↑　下降↓　不变—

如果只打开 1 号瓶盖，我猜想：
1 号瓶的水位会（　　），2 号瓶的水位会（　　），
3 号瓶的水位会（　　）。

图9　实验报告单3

预设：水流不进 2 号瓶、3 号瓶，1 号瓶水位无变化，因为 2 号瓶、3 号瓶里的空气占据空间。

（4）实验验证。

（5）**教师提问：**如果 1 号瓶、3 号瓶同时打开，水位会发生怎样变化？

（6）学生填写报告单。

预设 1：水流不进 2 号瓶、3 号瓶，1 号瓶水位无变化。

预设 2：水流进 2 号瓶、3 号瓶，2 号瓶、3 号瓶水位都升高。

（7）实验验证。

（8）**教师提问**：谁能解释原因？

（9）**学生回答**。

预设：打开1号瓶的瓶盖和3号瓶的瓶盖，1号瓶和3号瓶连通，在水的推动下，空气可以从3号瓶流出，1号瓶的水流进来补充从3号瓶中跑出的空气占据的空间。尽管1号瓶和2号瓶连通，但2号瓶的瓶盖是拧紧的，瓶内的空气占据空间，不能跑出来，因此2号瓶水位不会升高。

（10）教师对学生的猜想与分析做出相应的评价。

（四）生活中的应用

教师提问：在日常生活中，人们是怎样利用空气占据空间来服务生活的呢？

增加：衣：全自动充气救生衣

　　　食：食品包装

　　　住：帐篷

　　　行：皮划艇、汽车轮胎

　　　娱乐：充气城堡

　　　医疗：医用充气床垫

减少：真空衣物包装、食品包装等

（五）课堂总结

1.**教师讲解**：通过学习，我们知道液体、固体、气体都是可以占据空间的。

2.**教师提问**：教室里除了我们、桌、椅等占据着空间，还有什么占据着空间？

预设：空气。

3.**教师提问**：在地球周围的大气层占不占据空间呢？

预设：只要空气存在，它就会占据空间。

七、板书设计

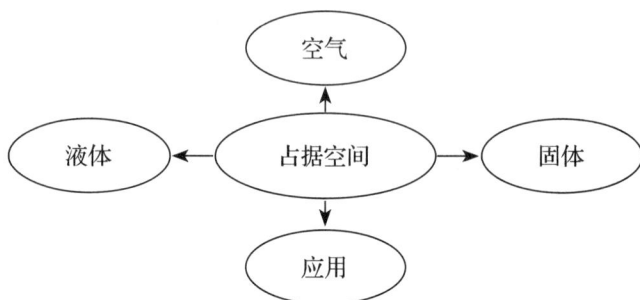

八、教学反思

　　在首师大版教材中原有的三个经典实验有趣、直观、神奇。借助水这个载体，帮助学生建构起空气占据空间的概念，但缺乏思维发展上的连续性、延续性。

　　基于这个想法，教师抓住了空气具有流动性的特点，借助水这个载体，在学生的学习过程中运用了几组瓶子组合起来的学具，使学生"看到"空气占据空间。

　　在进行实验操作时，水流动与不流动，水位的变化与不变，都是空气占据空间在起着重要作用。尤其是带有集气袋的学具更是一目了然。当集气袋渐渐地鼓起来，再将这些空气反向压回瓶中，学生看到，两个瓶内的水位一个在升高，一个在降低。表面看到的是水占据的空间大小发生了变化，本质上却是空气不断推动的结果。空气占据空间的可视化、趣味化，让探究更加有意思了。学生的思维在这一过程中不断被调动，对空气占据空间的认知也不断加深。

　　在评价环节中，瓶子的连接方式由直线到环形。瓶子的连接方式在不断变化着，始终不变的是对学生思维的引领。整堂课学生学得有滋有味，乐在其中。

《谁在动》教学设计

北京市丰台区丰体时代小学　姚森森

一、教学内容分析

（一）课标分析

本课属于地球与宇宙科学领域和物质科学领域。

其中，地球与宇宙科学领域内的相关核心概念：在太阳系中，地球、月球和其他星球有规律地运动着。

课标涉及的学习内容如下：

学习内容	学习目标
	5～6年级
13.1 地球每天自西向东围绕地轴自转，形成昼夜交替等有规律的自然现象	·知道地球自西向东围绕地轴自转，形成了昼夜交替和天体东升西落的现象
13.4 太阳系是人类已经探测到的宇宙中很小的一部分，地球是太阳系中的一颗行星	·描述月球、地球和太阳的相对大小和相对运动方式

物质科学领域内的相关核心概念：物体的运动可以用位置、快慢和方向来描述。

课标涉及的学习内容如下：

学习内容	学习目标
	3～4 年级
4.3 物体的机械运动有不同的形式	·列举并描述生活中常见物体的直线运动、曲线运动等运动方式

（二）教材分析

设计《谁在动》一课，是由于学生学习了首师大版《科学》四年级《昼夜交替》一课后，依然存在着问题，即学习后学生知道天体有东升西落的现象，但对其成因不能做出正确的解释。此外，学生知道地球是自西向东自转的，但这一结论出自书本，学生对人们是怎样探究出地球自转的方向存有疑问。要想让学生认清天体东升西落的原因并探究地球的自转方向，离不开对太阳、地球、月球相对运动的认识。

小学科学是一门综合性课程，注重不同科学知识领域的融合，某一现象的发生不仅可以依托本领域的知识与技能来解决，还可以借助不同领域的某些现象来解释。所以，本节课的设计让学生跨越不同科学领域，通过论证解释现象，在教学过程中培养学生的科学思维与综合解决问题的能力。本节课最终呈现的是，让学生综合地球与宇宙科学领域中建模的思路以进行模拟、探究，通过物质科学领域中相对运动的物体的运动规律，来解释、论证昼夜交替与太阳东升西落的现象，让学生在实践、探究、论证中加深对知识的理解，强化综合运用的能力，全面地看待问题。

《谁在动》引导学生利用相对运动解释地球自西向东自转，突破这一难点突破的灵感来源于 1851 年的傅科摆实验。在傅科摆实验中，人们观察到：在摆摆动过程中，摆动平面沿顺时针方向缓缓转动，摆动方向不断发生变化。这说明摆的摆动方向的变化，是由于观察者所在的地球沿着逆时针方向转动的结果。地球上的观察者能够看到相对运动现象，从而有力地证明了地球是在自转的。

二、学情分析

本课教学对象是小学五年级的学生。从知识角度分析，学生在四年级已经在探究中通过建模的方式认识了昼夜交替的现象，也就是在课堂中基于地球与宇宙科学领域中的探究方法学习了本节课的内容，具有一定的知识基础，学生可以在原有的知识基础上，进一步学习通过物质科学领域中的知识与方法，综合解决这一问题。

从能力角度分析，五年级的学生有初步独立设计实验的能力、动手能力、探究能力，学生可以完成实验的设计；学生还具有一定的交流能力，但是通过实验数据、实验现象进行有理有据的交流，还有待提高。所以，本节课以培养学生的论证能力为落脚点，进而培养学生的批判性思维。

三、学科核心素养

科学学科核心素养包括：科学观念、科学思维、科学探究和科学态度。本节课旨在通过科学探究中获取的证据，让学生经过论证等科学思维的转化，并被渗透运动与相互作用的科学观念，从而培养学生追求创新的科学态度。

四、教学目标及重、难点

（一）教学目标

1. 科学概念

通过观察静止和运动的两个物体，认识到相对运动的现象，以及运动的方向是相反的。

2. 科学探究

通过静止和运动的两个物体的相对运动规律，模拟地球自转，观察太阳东升西落的现象。

3. 科学态度

使学生在探究的过程中能够如实记录运动的方向，乐于与人合作。

4. 科学、技术、社会与环境

使学生感受到科学技术可以促进人们的认识。

（二）教学重点、难点

通过观察静止和运动的两个物体，认识到相对运动的现象，以及运动的方向是相反的。

五、教学准备

教师实验：

傅科摆：梯子、万向轴、重物、吊线、胶带、手机。

模拟傅科摆：蛋糕盘、木支架、重物、吊线、胶带、地球北半球图片。

学生实验：

模拟日月星辰现象：雨伞、太阳图片、铁架台、记录单。

六、教学过程

（一）聚焦：车与树，谁在运动

1.学生观看视频

学生先后观看"车在运动"和"树在运动"的视频。

分两次进行思考：在你的视野中，谁在动？为什么？

预设：把树看成是静止的，车就是运动的；把车看成是静止的，树就是运动的。

2.学生的观察总结

学生通过观察，发现树和车是相对运动的，并且运动方向是相反的。

3. 教师总结

关键是把谁看成静止的，只有参照这个静止的物体，才能更好地判断另一物体是否在运动。看来车和树的静止和运动都是相对的，我们把这种运动叫作相对运动。

【设计意图】学生通过视频，初步认识到表面上看到的一动一静的两个物体，它们其实都是在做相对运动，并且运动的方向是相反的。这为学生归纳这种相对运动的规律枚举出了第一个证据。

（二）探索：六名同学，谁在运动

1.学生进行实验

（1）一名同学站在中间，另外五名同学围着他站，中间的同学逆时针原地转三圈；然后与外围的另一名学生互换位置，直到六个人都在中间这样转完。

（2）中间和外围的同学分别站在自己的角度观察对方是否在转动，在向着哪个方向转动，然后各自把观察结果记录在记录单上（如图1所示）。

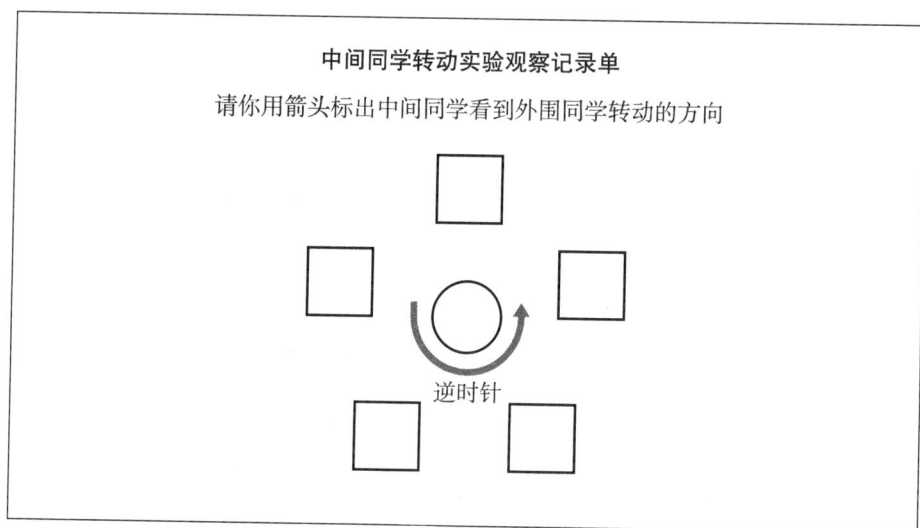

图1　中间同学转动实验观察记录单

2.汇报

中间和外围的学生谁在运动？运动的方向有什么特点？（中间和外围的同学是相对运动的，运动的方向是相反的）

3.归纳

学生归纳出"车和树""六名同学"两个实验中的运动都是相对运动，且运动方向是相反的。

【设计意图】让学生从自身角度出发，亲身经历、感受不同的相对运动，进一步强化相对运动的形式；这为学生归纳相对运动的规律，枚举了第二个证据。学生通过回忆和实验，经过归纳推理的思维方法，归纳出相对运动、运动方向相反的规律，为后续类比地球自转方向提供了类比推理的思维基础。

（三）研讨：傅科摆，证明了谁在运动

1. 介绍摆的装置，提出探究问题

（1）**教师提问**：让教室里的摆沿着地上红色标记线的方向摆动起来（图2）。请你观察，摆在刚开始摆动时，摆动方向有什么特点？（教师演示三次，学生观察到每次摆在刚开始摆动时，摆动方向都是不变的）

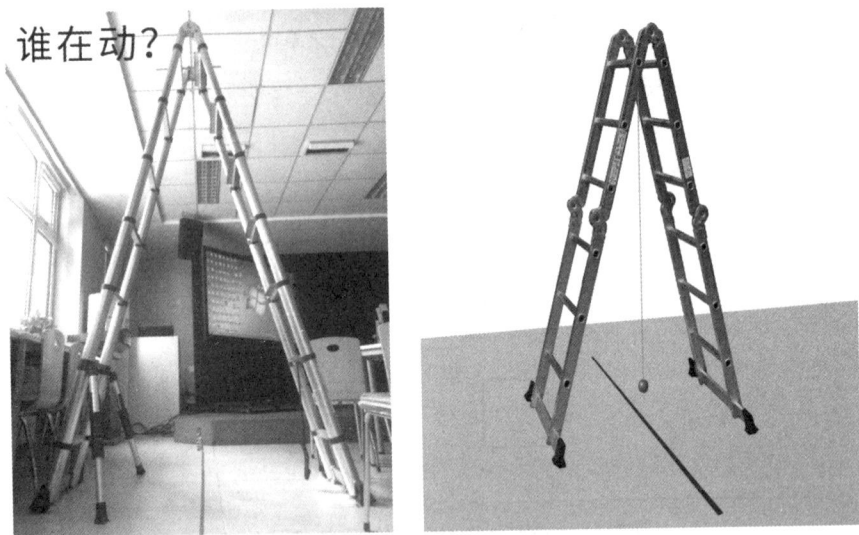

图2 教室中进行摆的实验的装置

（2）**教师追问**：摆在刚开始摆动时，其摆动方向是不变的。摆动一段时间后，它的摆动方向会发生变化吗？

预设1：摆动方向不变。

预设2：摆动方向改变。

（3）提出观察、记录要求。

谈话：记录单中，虚线表示摆最初的摆动方向，实线表示地面上的红

色标记线。最开始,摆是沿着红色标记线方向摆动的,所以两条线是重合的。你们注意看摆一直摆下去，它的摆动方向是否发生变化，用黑色虚线画出摆动方向。如果摆动方向发生变化了，就用箭头标出转动方向。记录单如图 3 所示。

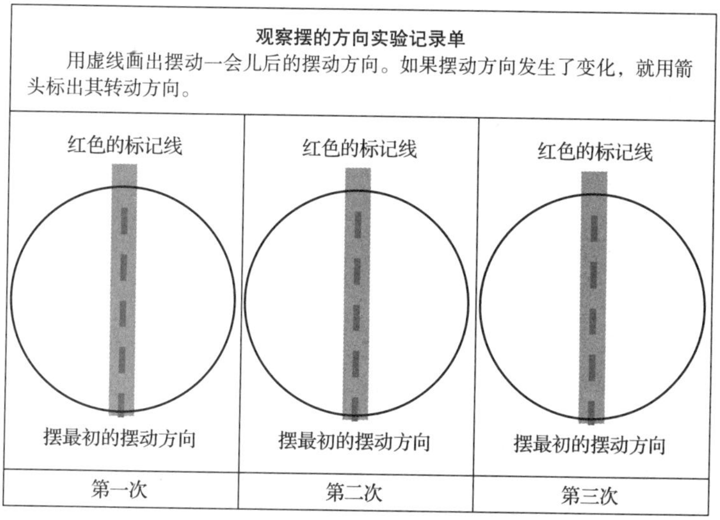

图3　观察摆的方向实验记录单

2. 学生观察实验

学生观察三次实验，把实验现象记录在记录单中（图 4）。

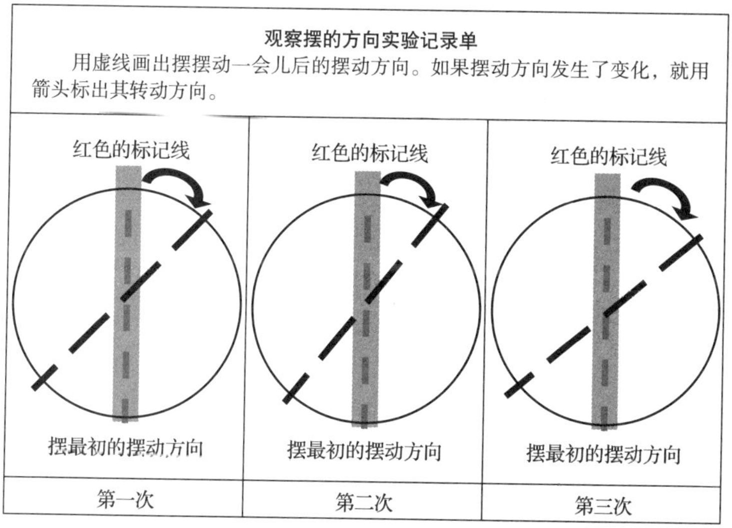

图4　学生完成的观察摆的方向实验记录单

3. 学生交流实验现象，并进行论证

汇报：通过这三次实验，你发现摆的摆动方向有什么变化规律吗？

预设：最开始，摆是沿着红色标记线的方向摆动的，过了一段时间后，摆的摆动方向沿着顺时针的方向转动了。

4. 学生进行进一步的猜想与假设

（1）**教师提问：**是什么原因使我们看到摆的摆动方向沿着顺时针的方向转动了？

预设 1：风吹改变了摆动方向。

预设 2：老师松手时力量偏了。

预设 3：地球转动导致摆动方向发生变化。

策略：老师请学生多次演示、观察，让学生排除无关因素，如没有外力、没有风吹、没有移动标记线、没有人移动梯子等可能性；强调"摆自身的摆动方向是不变的"。

【设计意图】学生根据前面的概念、现场环境等条件，猜想导致摆的摆动方向发生变化的原因。在交流的过程中，学生能够根据不同的猜想来寻找证据，在互相质疑、补充、排除的过程中培养学生的批判性思维。

（2）**教师追问：**如果是地球转动导致的，那么地球是逆时针还是顺时针转动，才能让我们看见摆的摆动方向沿着顺时针的方向转动的？

5. 模拟傅科摆实验，进行验证猜想

（1）介绍模拟傅科摆的实验装置：转盘模拟地球；转盘上支起摆；转盘上画出红色标记线（图5）。该装置模拟了教室中的摆，同时转盘可以逆时针转动，也可以顺时针转动。

图5 模拟傅科摆的实验装置

（2）**教师提问：**我把手机固定在地球模型的支架上，这样手机和地面一起转动。我们通过手机观察，就像人在地球的北半球的位置和地球一起转动时进行观察。在这种情况下看摆，你认为地球的北半球是逆时针自转还是顺时针自转时，才能让我们看见摆的摆动方向是沿着顺时针方向转动的。地球向两个方向转动，你分别会看见什么现象？

预设：因为相对运动方向相反，所以地球北半球逆时针自转时就可以出现摆的摆动方向沿顺时针方向转动。

【设计意图】学生在前面的学习中已经归纳出相对运动及其运动方向的规律。对于摆动方向发生的变化，学生可以通过类比推理调取已经归纳出的规律进行演绎推理，猜想到地球和摆动方向有可能是做相对运动的，且运动的方向是相反的。也就是说，摆动方向沿顺时针方向偏转是由于地球是沿着逆时针方向自转的，学生可以进而对猜想进行假设。

（3）**教师演示实验。**教师转动模拟装置，学生借助手机软件看到屏幕拍摄到的摆动方向的位置变化。

教师逆时针转动"地面"：学生观察到摆沿着顺时针方向转动，这与实际情况相同，说明地球逆时针自转是正确的。

教师顺时针转动"地面"：学生观察到摆沿着逆时针方向转动，这与实际情况不同，说明地球顺时针自转是错误的。

（4）**教师总结**：我们在手机上看，谁是静止的，谁是运动的？我们看见摆的摆动方向沿着顺时针的方向转了，这其实是谁在运动？它们运动的方向是什么样的？（它们做相对运动，方向是相反的。）

【设计意图】学生把通过归纳推理得出的规律，通过演绎推理证实了，这使学生经历了从归纳推理发现，到演绎推理验证的思维过程。另外，让学生观察地球顺时针自转的情况，也就是让学生经历反证的过程，通过证伪来得出结论。

6. 介绍傅科摆

谈话：在人们还无法从宇宙中观察到地球自转这一现象时，人们就已经知道了地球是在自转的，但找不到证据来证明。后来，一个叫傅科的法国人，他在北半球的巴黎做了一个非常大的摆，并通过相对运动，让人们感受到地球在自转，从而证明了地球的自转方向是逆时针的。为了纪念傅科，人们把这个证明地球自转的摆叫作傅科摆。

（四）拓展：太阳和月亮东升西落，谁在运动

1. 利用相对运动解释地球在自西向东逆时针自转

（1）**教师提问**：在傅科摆出现之前，古人就知道了地球是在自转的，你认为人们是怎么知道地球自转方向是自西向东逆时针的？

预设：从地球上看，太阳和月亮都在做东升西落的运动，也就是自西向东运动着。

（2）**教师追问**：我们都知道地球在自转的同时绕太阳公转，但为什么我们在地球上看不到地球在运动，却看到太阳和月亮每天在自东向西运动呢？你能跟我们今天认识的其他运动做一个比较吗？

预设 1：把地球看成静止的，太阳就是运动的，我们从地球上看到太阳的运动方向是自东向西的。如果我们把太阳看成静止的，地球就是运动的，因为它们是进行相对运动的，方向是相反的，所以地球的自转方向就是自西向东的。

预设2：这就像我们站在运动的汽车上看，车就是静止的，树就是运动的，且树和车的运动方向是相反的；中间的同学逆时针方向原地转动，如果把他看成静止的，那么外围的同学就是运动的，且他们的运动方向是相反的；我们站在转动的地球上看，地球就是静止的，太阳就是运动的，太阳和地球运动的方向是相反的。

2. 演示实验，学生亲自观察

（1）介绍演示实验，并请学生示范。

谈话：铁架台支起雨伞用来模拟地球，一名学生在"地球"外模拟太阳，另外五名学生围绕"地球"自西向东逆时针转动。

（2）这5名学生随着"地球"自西向东逆时针转动时，观察"太阳"是否是东升西落转动的。

（3）**教师提问：**你们看到的"太阳"是怎么运动的？站在太阳的角度来看，你认为地球会怎样转动？（请模拟太阳的学生回答：地球是逆时针转动的）

3. 教师总结

通过今天的研究，我们知道地球和太阳的运动也是相对的，而方向是相反的。

【设计意图】本节课着重对学生基于证据开展科学论证进行培养，这一环节让学生通过科学知识、科学探究开展科学论证，在论证古人判断地球自转的过程中，培养学生的科学思维。

七、板书设计

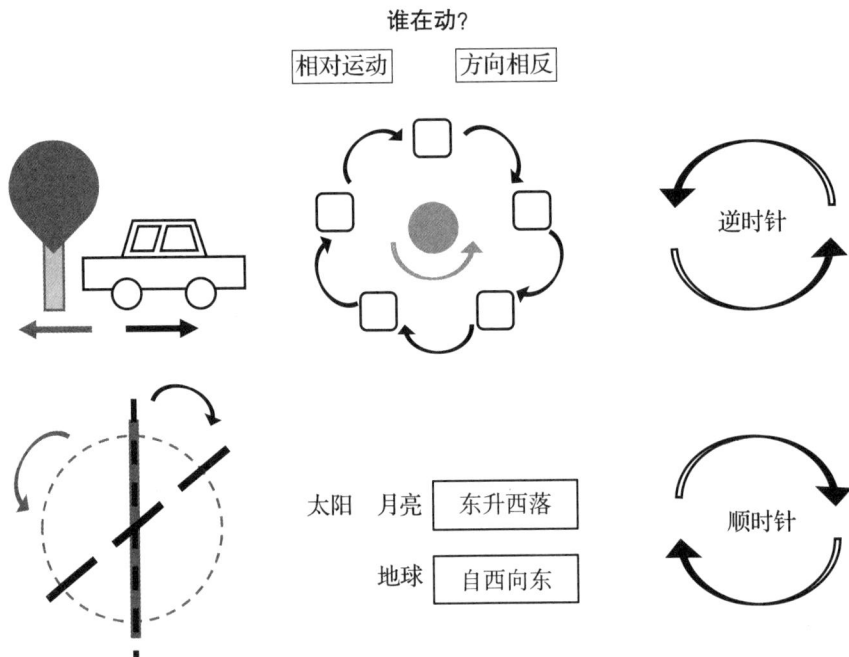

八、教学反思

（一）借助模型，理性论证

　　傅科摆是证明地球自转的经典实验，本节课在教室中最大限度地还原了傅科摆的实验，让学生通过前面多个现象建构出概念、规律，借助多种信息技术手段在进行三次观察实验后，猜想摆动方向沿顺时针方向发生偏转的原因。然后根据猜想进行假设，进而思考验证这一现象的方法。教师在课堂上采用可以转动的圆形蛋糕盘模拟地球，通过手机为学生演示"地球"沿顺时针与逆时针方向自转时摆的摆动方向的变化。这不仅证实了我们看见摆的摆动方向沿顺时针方向发生偏转是由于地球逆时针自转，还通过反证法观察到，如果地球顺时针自转，我们就会看见摆的摆动方向沿着逆时针方向发生偏转。在证实与证伪的过程中，学生能够根据现象、事实进行判断，这样可以使学生进行理性思考，从而培养学生的质疑精神。

（二）类比思考，建立联系

本节课的教学重难点是让学生发现"相对运动方向相反"的规律。课堂上，学生回忆了"车与树"的现象，体验了"中间与外围的学生转动"的活动；通过思考、解释"谁在动"的过程中认识到，只有先确定了静止的物体，并参照这个静止的物体，才能判断另一物体是否是运动的，并判断它们的运动方向。

学生在经历了回忆和体验后，才能深入探究、论证出观察到的傅科摆摆动方向的偏转是与地球自转有关的。也就是说，学生经历了以下思考探究：把树看成静止的，车就是向前运动的；若把车看成静止的，树就是向后运动的；把中间的学生看成静止的，外围的学生就是顺时针运动的；若把外围的学生看成静止的，中间的学生就是逆时针运动的。于是，学生可以把这一规律类比到"若把地球（北半球）看成静止的，摆的摆动方向就是沿顺时针方向转动的；若把摆的摆动方向看成静止的，地球（北半球）就是沿逆时针方向转动的"。

最后，学生思考日月星辰东升西落现象的原因，学生可以继续类比，进而解释现象：若把地球看成静止的，那么日月星辰是自东向西（顺时针）转动的；若把日月星辰看成静止的，地球则是自西向东（逆时针）转动的，它们运动的方向是相反的。

本节课让学生经历了完整的科学探究过程，使学生在学习科学知识的过程中发展了科学思维，形成了科学态度，其核心素养得到了培养。

《谁轻谁重》教学设计

北京小学丰台万年花城分校　叶娜

一、教学内容分析

（一）课标分析

本课属于《小学科学课标》中物质科学领域内容，本领域内容的学习将有助于增强学生探究物质世界奥秘的好奇心，帮助学生形成物体具有质量、体积等特征的概念。

课标涉及的学习内容如下：

学习内容	学习目标
	1～2 年级
1.1 物体具有质量、体积等特征	·通过观察，描述物体的轻重、薄厚、颜色、表面粗糙程度、形状等特征。 ·根据物体的外部特征对物体进行简单分类

（二）教材分析

《谁轻谁重》是教科版《科学》一年级下册"我们周围的物体"单元的第二课。通过第一课《物体的特征》的学习，学生已经初步认识并实践了一些观察、描述物体的方法，了解了物体的颜色、形状、粗糙程度等特征，积累了一些关于物体特征的科学词汇，如轻重、粗糙与光滑等，但没有对这些特征进行深入的研究。

从本课起，学生将深入探索物体的一些重要性质，并根据不同物体的形状、材质等方面的不同初步判断物体的轻重，借助物体提出多种验证方

50

法，如掂一掂或称一称，并说明选择此方法的理由；尤其是学生被要求能够提出使用天平帮助我们进行称量的方法，并以此来判断物体的轻重。那么，如何借助称量工具快速、准确地称量物体的轻重，就是本课的重点与难点。为了帮助学生在有限的时间里达到这个目标，教师引导学生回忆一年级上册"比较与测量"单元中的以小立方体作为测量桌面长度的标准物，继而迁移到本课中的可以选取一个最合适的物体作为称量物体重量的标准物——回形针。通过单个回形针和一组十个回形针的组合式称量，帮助学生开展称量活动，获得准确数据，并完成对不同重量物体的排序，这个环节直接指向学生形成的核心概念——物体具有质量、体积等特征。

二、学情分析

在前一课的观察活动中，学生已经注意到不同物体的轻重不同，并且可以用掂的方式来比较。但是学生会发现，这种简单的方式不能准确比较出物体的轻重，尤其是当两种物体轻重差不多的时候，很难凭借感觉来判断。这就激发了学生的进一步思考：如何能够更准确地判断物体的轻重呢？经过思考，学生可能会想到借助其他工具称量，如秤、天平等，这是他们从日常生活经验中了解到的称量工具。在本课中，教师提供了一种简单的称量工具，即运用简易天平来称量。一年级的孩子们对此略有了解，但是正确的称量方法还需要老师的指导。而且在选择和使用回形针作为标准物称量的过程中，需通过观察、比较、简单统计等多种手段与方法，最后完成对五种重量不同的物体的排序，这对学生有一定的挑战和难度。

三、学科核心素养

科学学科核心素养中关于理性思维的描述如下：重点是崇尚真知，能理解和掌握基本的科学原理和方法；尊重事实和证据，有实证意识和严谨的求知态度；逻辑清晰，能运用科学的思维方式认识事物、解决问题、指导行为等。

学科核心素养中关于理性思维的描述如下：重点是在观察的基础上，

能以客观事实为依据，用比较、分类、归纳、演绎、类比等思维方法，进行推理与判断，初步理解自然现象产生的原因，解决身边简单的实际问题。本课在学生发现对于两种物体的轻重比较，不同的人会出现不同的结果后，引发了学生的进一步思考：如何更准确地判断物体的轻重？在这个过程中，重点是培养学生的科学思维能力，特别是发展学生的比较思维。

四、教学目标及重、难点

（一）教学目标

1. 科学概念

质量是物体的基本特征之一，并且可以被测量。

2. 科学探究

用掂量、称量等测量方法可以比较物体的轻重，不同的方法可能导致比较结果的准确程度不同。

轻重和大小适当的物体可作为称量的标准物，称量时可先预测物体的轻重，再选取不同数量的标准物。

能在预测中发现问题，并寻找更为科学的解决办法。

3. 科学态度

发展在日常生活中运用测量与比较的认同感。

逐步形成记录数据的意识与习惯。

乐于通过小组合作来探究学习，能主动参与合作学习活动。

4. 科学、技术、社会与环境

意识到合理的工具能给人类的生产、生活带来便利。

（二）教学重点

可以通过掂量、称量等方法来比较不同物体的轻重。

轻重和大小适当的物体可作为称量的标准物，称量时可结合不同物体的轻重综合选取不同数量的标准物。

（三）教学难点

用称量的方法比较物体的轻重。

五、教学准备

大橡皮、小橡皮、乒乓球、塑料块、木块、玻璃珠、简易天平、回形针。

六、教学过程

（一）聚焦

谈话：这里准备了几种常见的物体，我们一起看看都有什么物体？
（图1）

图1　常见物体

（二）探索1：预测物体的轻重

1.猜一猜物体的轻重

学生认真观察大橡皮、小橡皮、乒乓球、木块、塑料块这几种物体。

教师提问： 猜一猜，这几种物体谁轻谁重？

【设计意图】回顾物体的特征，了解学生对这几种物体的轻重的原有认知水平，为认识并实践科学的比较方法奠定基础。

2.思考排序方法，记录预测结果

教师提问： 怎样记录物体轻重的排列顺序？

引导学生思考记录方法，比如用数字表示轻重，当数字越小时，表示物体越轻。最轻的用 1 表示，最重的用 5 表示（如图 2 所示）。

记录顺序

	大橡皮	小橡皮	乒乓球	木块	塑料块
①猜一猜					

最轻“1”，最重“5”

图2 “猜一猜”活动记录单

3.学生预测展示

实投展示学生的预测（图 3），鼓励学生说出预测理由。

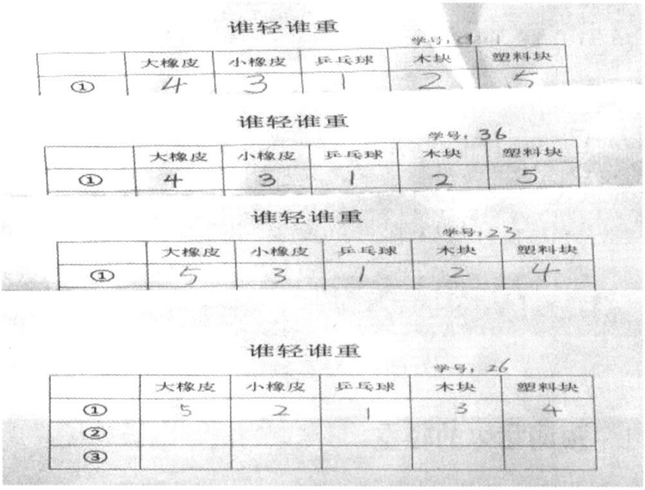
谁轻谁重

学号：1

	大橡皮	小橡皮	乒乓球	木块	塑料块
①	4	3	1	2	5

谁轻谁重

学号：36

	大橡皮	小橡皮	乒乓球	木块	塑料块
①	4	3	1	2	5

谁轻谁重

学号：23

	大橡皮	小橡皮	乒乓球	木块	塑料块
①	5	3	1	2	4

谁轻谁重

学号：26

	大橡皮	小橡皮	乒乓球	木块	塑料块
①	5	2	1	3	4
②					
③					

图3 学生预测展示

预测理由 1：塑料块最重，然后是大橡皮、小橡皮、木块，乒乓球则最轻。

教师追问：为什么你认为塑料块最重，乒乓球最轻？

预测理由 2：大橡皮最重，然后是塑料块、小橡皮、木块，乒乓球最轻。

教师追问：大橡皮、小橡皮的轻重是如何预测的？为什么你认为大橡皮最重？小橡皮和木块的轻重是怎么比较的？

教师追问：各组的排序不同，请你想一想这是为什么？

预设：因为是凭借感觉去猜测的，所以排序结果不同。

教师总结：教师引导出“每个人的感觉不同，所以得到的结果也不同，看来凭感觉判断得出的结论是不准确的"这个结论。

【设计意图】追问排序的原因，引发学生关于物体特征的思考，使学生发现问题，并帮助学生理解凭感觉比较、判断物体的轻重是不准确的，为后续"掂一掂"和"称一称"活动做铺垫。

4. 教师追问

日常生活中判断物体轻重的方法有哪些？

预设 1：可以用手掂一掂。

预设 2：可以使用工具称量。

【设计意图】借此活动了解学生的认知。与生活实践相联系，帮助学生重新梳理生活中判断物体轻重的方法，以此类比出用手掂一掂、用工具称量物体轻重的等方法。

（三）探索 2：掂量物体的轻重

1. 教师提问

不借助任何物体，怎样判断谁轻谁重呢？

预设：可以自己用手掂一掂。

【设计意图】帮助学生由简到繁、由易到难，分层次地思考生活中判断物体轻重的方法，同时体现学生思维发展的过程。

教师追问：那应该如何掂量？

预设 1：双手各拿一个不同的物体，进行掂量。

预设 2：双手各拿一个不同的物体，进行掂量，反复掂量。

2. 教师强调

教师应向学生强调掂量时的注意事项。

3. 学生操作

下发材料，学生按照具体方法掂量物体的轻重。

4. 记录结果

用数字 1~5 记录轻重，最轻的用 1 表示，最重的用 5 表示。如图 4 所示。

掂一掂

	大橡皮	小橡皮	乒乓球	木块	塑料块
掂一掂					

最轻"1"，最重"5"

图4 "掂一掂"活动记录单

5. 小组汇报，展示几个小组不同的掂量结果

教师提问：为什么经过掂量之后，结果还是不一样呢？

预设1：因为每个人的感觉不一样。

预设2：有的人掂量时会觉得这个物体轻，有的人就会觉得这个物体重。

策略：看来用手掂量时，因为每个人的感觉不一样，所以不能获得准确的答案。

【设计意图】通过比较结果，学生可以了解，因为每个人的感觉是不同的，所以结果也不一样，尤其是当两个物体轻重差不多时更不好判断，从而认识到掂量的方法虽然可行，但是并不准确。

（四）探索3：称量物体的轻重

1. 教师提问

我们掂量了五个物体的轻重，结果还是不一样，看来我们需要找到更加严谨的方法，你们认为用什么方法可以更准确地判断谁轻谁重呢？

预设1：利用秤称量。

预设2：利用天平称量。

策略：秤和天平都是日常生活中可以用到的称量工具，这节课老师也为大家带来了一种称量工具，它是简易天平。

2. 展示简易天平，介绍使用方法

天平保持平衡时，开始称量。

【设计意图】渗透天平的使用方法，为后续学习做铺垫。

3. 教师提问

天平左侧放要称量的物体，天平右侧放什么才能称量出物体的重量？

预设：砝码。

策略：砝码是称量的标准量具。如果没有砝码，我们可以用其他物体代替吗？

预设：可以。

策略：可以用什么物体代替？

预设：（学生回答不出来。）

策略：回顾一年级上册"比较与测量"单元，将小立方体作为标准物测量书桌、课本的长度。

【设计意图】把上学期的内容和本学期的知识相互关联，帮助学生纵向整合知识点。

4. 教师提问

本课中，选择什么样的物体作为称量的标准物？

策略：在乒乓球、玻璃珠、回形针当中，哪种物体更适合做标准物？简单说一说理由。如图5所示。

简易天平

图5 "称一称"活动备选标准物

【设计意图】缩小选择范围，引导学生思考标准物应该具备什么样的特点，帮助学生更好地理解标准物的选择标准。

预设1：选择乒乓球，因为乒乓球比较轻。

策略：我们称量比较重的物体，需要放很多个乒乓球，请看简易天平放得下吗?

预设 2:选择玻璃珠,因为玻璃珠比较小,方便拿取。

策略:玻璃珠比物体之中最轻的乒乓球都重了,还能称量吗?

预设 3:选择回形针,回形针又轻又小,还可以放在简易天平的托盘里。

策略:大家在比较中发现,应该选择比较轻、小、容易放在托盘中的物体作为称量的标准物。在乒乓球、玻璃珠及回形针中,回形针的大小和轻重比较合适,适合作为标准物。

【设计意图】此环节既促进了孩子的思维发展,又使其理解了标准物选择标准。

5. 说明称量方法

称重物体放在简易天平左侧,右侧放入回形针,注意观察天平两侧的变化。

【设计意图】渗透"左物右码"的使用方法,为后续环节做铺垫。

6. 学生演示塑料块的称量过程

预设:回形针放大约 30 个。

教师提问:称量还没有结束,现在是什么感觉?

预设:感觉一个一个地放回形针很费时、费力。

教师追问:有哪些好的方法解决一个一个放回形针费时的问题?

预设 1:一次多放几个。

策略:一次放几个回形针?

预设 2:一次三个,一次五个。

策略:三个、五个可以。还有哪些更方便的计算方法?

预设 3:一次放十个。

【设计意图】促使学生思考如何通过改变标准物的数量来提高称量的效率。

7. 教师出示十个一组回形针的学具

提示:可估测物体的轻重,再选择"单个"或"十个一组"的回形针进行称量。

【设计意图】让学生知道,选择恰当的标准物不仅能在称量过程中带来便利、节约时间,还能减少数错的情况。

8. 介绍操作要求

操作要求如下：

（1）左物右针（图6），一人一物，按记录单顺序称量。

（2）记录并排序。

（3）整理用具。

图6　左物右针

【设计意图】渗透"左物右码"的使用方法，培养小组成员相互协作的能力，促成学生养成良好的学习习惯。

9. 学生活动

利用简易天平称量物体，并把称量结果记录下来。如图7所示。

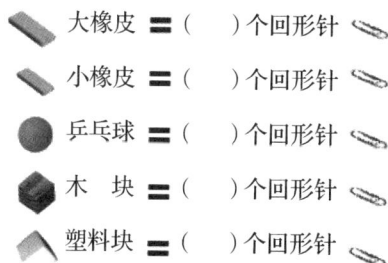

	大橡皮	小橡皮	乒乓球	木块	塑料块
③ 称一称					

图7　"称一称"活动记录单

10. 总结结果

汇报交流称量结果，并将五种物体的轻重进行排序。

11. 机动

如有排序结果不一样的小组，请学生自行分析原因。

【设计意图】培养孩子解决问题的能力及严谨的逻辑分析能力。

（五）评价

1. 展示一位学生的记录单

教师提问：我们三次称量的排序结果都一样吗？哪种方法更准确，说说你的看法。

2. 师生小结

【设计意图】回顾整节课的三个环节，让学生发现：每个人的想法不同，凭感觉猜测（"猜一猜"）是不准确的；掂量（"掂一掂"）仍然是靠人的感觉判断的，也不太准确，而且当物体的轻重差不多时，更不好确定，因此会出现不同的判断结果；称量（"称一称"）是以同样大小的回形针为标准物称量，这样结果会比较准确、科学，而且会再次让学生意识到合理的工具能给人类的生产、生活带来便利。

七、板书设计

谁轻谁重

猜一猜　　　掂一掂　　　称一称　　　【标准物】

八、教学反思

《谁轻谁重》这一课是教科版"我们周围的物体"单元的第二课。本课是在广泛认识物体特征的基础上，深入认识物体的轻重。本课分为三个环节：①学生根据自己的经验去"猜一猜"物体的轻重。②学生用手"掂一掂"。在这两个环节中，学生发现每个人的想法、感觉不同，所以答案会不一样，谁也不能确定自己的答案是否正确。③借助简易天平去"称一称"。大部分学生通过称量都得到了统一、正确的答案，学生也意识到了借助称量工具"称一称"的方法能得到最准确的结果。

在前期准备过程中也出现了如下的一些小插曲。

1. 学具动一点儿"小心思"

前期，学生用回形针称量较重的物体，一个一个放，费时又费力，计数的过程中也容易出错。后来经过改进，学具被分成了两种，一种是单个回形针，另一种是十个一组的回形针，这样不仅节省了时间，减少了数出错的情况，而且学生按实际情况进行回形针的选择，根据需求有所取舍，对思维发展也是一种锻炼。

学具的改进也使得学生在称量环节的结论明显、答案正确，也让学生在称量环节中体会到科学的方法能让我们得到准确的答案。

2. 扫清困惑助理解

"为什么要用回形针称量?"前期，学生会有这样的困惑。为了帮学生理解标准物的选择标准，教师让学生们回忆了上学期的"比较与测量"单元中将小立方体作为标准物测量书本、桌子的长度的内容。作为知识的迁移，《谁轻谁重》一课也可以选择一个标准物称量物体的重量，但应该选择什么样的物体作为标准物是需要学生思考的。

教师缩小范围，为学生提供了乒乓球、玻璃珠和回形针等备选标准物，学生思考、讨论，并最终认为标准物应选择小而轻，且方便放在天平上的物体，回形针是很好的选择。经过这样有引导性的分析，学生也理解了选择回形针作为标准物的原因。

《不同的季节》教学设计

北京市丰台区丰台第一小学　王妍

一、教学内容分析

（一）课标分析

本课属于课标中地球与宇宙科学领域。课标涉及的学习内容如下：

13. 在太阳系中，地球、月球和其他星球有规律地运动着。

学习内容	学习目标		
	1～2年级	3～4年级	5～6年级
13.2 地球每年自西向东围绕太阳公转，形成四季等有规律的自然现象	·描述一年中季节变化的现象，举例说出季节变化对动植物和人类生活的影响		·知道正午时物体影子在不同季节的有规律的变化。 ·知道四季的形成与地球围绕太阳公转有关

（二）教材分析

《不同的季节》是教科版《科学》二年级上册"我们的地球家园"单元的第六课。继《地球家园中有什么》《土壤——动植物的乐园》《太阳的位置和方向》《观察月相》和《各种各样的天气》的学习后，本课聚焦"季节"，引导学生研究地球家园经历不同季节时所产生的典型现象，认识季节变化对动物、植物和人类的影响，以及动物和植物之间变化的关联。通过分析活动，本课帮助学生将不同季节温度的变化与动植物和人的变化建立联系，让学生认识到是不同季节温度的变化，影响了植物生长、动物行为和人的衣着、活动等变化，植物、动物和人都通过适应温度的变化以更好地生活。本课也将为本单元最后一课《做大自然的孩子》和高年级认识四季成因等相关内容奠定认知基础。

二、学情分析

二年级的学生对于季节的更替和每个季节地球家园的特点有一定的认识。多数学生知道每年四季循环往复，知道不同季节的天气不同，也能够举例说出不同季节中常见的植物、动物的特点，但学生的这些认识是浅显的、片段式的，需要老师设计具体的情境和活动，帮助他们把这些现象建立联系，形成一个深入的、有内在联系的科学认知——在不同的季节，植物生长、动物行为和人的衣着、活动不同，动植物和人的这些变化都是受不同季节温度变化影响的。

因为二年级学生还不能主动对已有的、片段式的科学认知进行整合，所以教师需要帮助他们在比较、分析等活动中将这些认知关联起来，运用比较、归纳、分析、综合等思维认识到植物生长、动物行为和人的衣着、活动等变化是受不同季节的温度变化影响的。

三、学科核心素养

科学学科核心素养重视学生科学思维的培养。科学思维是指有意识的人脑对科学事物的本质属性、内在规律性及事物间的相互联系和关系的间接和概括的反映。科学思维有分析、比较、判断、推理等思维形式和比较、分类、分析、综合、抽象、概括、归纳、演绎等多种思维方法。本课在帮助学生认识植物生长、动物行为和人的衣着、活动等变化是受不同季节温度变化影响的过程中，逐步培养学生比较、归纳、分析、综合等思维能力。

四、教学目标及重、难点

（一）教学目标

1. 科学概念

知道一年中季节变化的不同典型现象。

知道季节变化会对植物生长、动物行为和人类衣着、活动产生影响。

2. 科学探究

会描述一年中季节变化的典型现象，会拼贴四季变化图。

举例说明季节变化对动植物和人类生活的影响。

通过观察、分析、比较，综合认识四季的温度变化会引起动植物和人的变化。

3. 科学态度

对探究四季现象及其对地球生命的影响感兴趣。

善于倾听，乐于分享。

4. 科学、技术、社会与环境

认识四季变化给地球上的生命带来的影响，懂得只有掌握四季变化的规律，才能更好地适应变化。

（二）教学重点

知道季节变化对动植物和人类的影响。

（三）教学难点

知道温度变化影响动植物生长和人类的生活。

五、教学准备

（一）分组材料

不同季节的衣服、用具、鞋等照片，白纸。

（二）演示材料

课件、照片、彩色纸条。

六、教学过程

（一）情境分析，聚焦研究问题

1. 谈话

同学们，你们知道这些动物、植物和人都在做什么吗？这些行为又是发生在什么季节呢？

预设：人们在打雪仗，是冬天。

西瓜成熟了，是夏天。

迎春花开了，小蜜蜂在采蜜，是春天。

小松鼠在藏松果，是秋天。

2. 教师总结

打雪仗发生在冬季，西瓜成熟发生在夏季，迎春花开了发生在春季，小松鼠藏松果发生在秋季。

3. 教师提问

你们知道哪几个月是春季？哪几个月是夏季？哪几个月是秋季和冬季吗？

预设：学生回答不全／错误。

教师提问：谁能帮他补充？／谁有不同意见？

教师预设：学生补充。

教师讲解：12、1、2月是冬季，3、4、5月是春季，6、7、8月是夏季，9、10、11月是秋季。

4. 谈话

每年都有12个月份，都会经历春夏秋冬四个不同的季节。当冬季过了，春季就要来了，四季就是这样不断循环着。

5. 教师提问

在这样不断循环的过程中，不同的季节里，动植物和我们人都有哪些变化呢？为什么会发生这些变化呢？今天就让我们从《不同的季节》一课中寻找答案吧！

板书课题——不同的季节

【设计意图】通过交流活动，调动学生对四季及动植物和人在四季中的活动和变化的认识，聚焦本课的研究主题。

（二）认识不同季节的特点以及动植物和人在不同季节中的变化

1. 认识不同季节的特点和植物的变化

（1）谈话：要想知道不同的季节为什么会有这样的变化，我们就要先知道不同的季节，我们的地球家园有哪些变化？你们能结合老师的这几张照片说一说春夏秋冬每个季节各有什么特点吗？在不同的季节中，植物有什么变化呢？

预设：夏季特别炎热；冬季特别寒冷；夏季植物长得很茂盛，花也开了；冬季大部分植物光秃秃的。

教师追问：他对比着说出了夏季和冬季的温度，以及植物在夏季和冬季的不同变化。谁能像他一样也对比着说一说春季和秋季的温度是怎样的？植物又有什么变化呢？

预设：春季和秋季不冷不热。春季植物发芽了，秋季叶子变黄，会落下来。

教师提问：夏季是炎热的，冬季是寒冷的。你们能用什么词形容春季和秋季的温度情况呢？

预设：虽然都是不冷也不热，但春季温暖一些，秋季更凉爽一些。

教师总结：春季温暖、夏季炎热、秋季凉爽、冬季寒冷，不同的季节温度不同，植物的生长状态也发生了不同的变化。

（2）教师提问：不同的季节还有什么特点？植物还有什么变化？谁有疑问或补充？

（3）学生交流。

预设 1：夏季经常下雨，冬季经常下雪。

教师追问：那春季和秋季呢?

预设：春季和秋季经常刮风。

预设 2：夏季白天长，冬季晚上长。

教师总结：你说得真好! 夏季白天长，夜晚短;而冬季白天短，夜晚长。你是一名能够仔细观察生活的同学。

预设 3：不是所有的树冬季都是光秃秃的，松树和柏树在冬季还有绿叶子。

教师总结：大部分植物在冬季落光了叶子，小部分植物在冬季是不落叶的。

预设 4:冬季梅花盛开，夏季荷花盛开，春季迎春花开，秋季菊花盛开。

教师总结：不同的季节，会有不同的花盛开。

预设 5：春季植物会开花;秋季是丰收的季节，果实都成熟了。

教师总结：多数植物在春季开花，到了秋季果实成熟，就可以收获果实了。另外，也有很多植物在夏季结果，夏季也是结果的季节。

（4）教师提问：通过分享，你们知道四季有哪些不同? 植物发生了哪些变化?

预设：四季的温度不同，天气也不一样。

　　　植物会发芽、长叶、开花、结果、干枯，最后叶子落光了，有的植物会死掉。

【设计意图】调动学生的生活认知，让他们在讨论、交流四季的特点和植物的变化的过程中，从而获得不同季节在天气，尤其是温度方面变化的科学认识;获得随着季节的变化，植物会依次发生一系列生长变化的科学认识，为之后归纳认识四季温度变化引发动植物和人的变化奠定基础。

2. 认识动物在不同季节中发生的变化

（1）教师提问：在不同的季节中，动物又有什么变化呢?

（2）学生交流。

预设 1：秋季小松鼠会储存食物。

教师追问：为什么要储存食物?

预设：小松鼠要准备过冬。

教师追问：为什么要在秋季储存食物，而不在冬季或者春季储存食物？

预设：春季植物刚发芽，没有结果；冬季太冷了，果实都没了，松鼠很难找到食物了。

教师总结：有些小动物会像松鼠这样，在秋季果实成熟的时候储存食物，准备过冬。

预设2：还有的小动物会吃得饱饱的，为过冬储存脂肪，抵御寒冷，到了冬季就冬眠了。

学生提出质疑：猫头鹰冬季就不会冬眠。

教师讲解：确实，到了冬季，有的小动物会冬眠，而有的小动物不会冬眠，只是出来活动的次数少了，时间也减少了。

（3）**教师提问**：有的动物在冬季会冬眠。它们在其他季节做什么呢？

预设：春季，小动物们刚刚醒来。夏季，小动物们都在外面玩。

（4）**补充认知**：动植物在不同季节，还有什么变化呢？我们一起通过一段视频来看一下。

学生观看视频。

预设：学生通过观看视频知道有些鸟类在春季和秋季需要迁徙来度过酷暑和寒冬。

（5）**教师总结**：通过交流，我们知道了在不同的季节，动物有不同的行为变化，而且动物的变化跟植物的变化是有关联的。

【设计意图】首先通过交流活动，帮助学生获得随着季节的变化，动物行为会发生变化的科学认识，继续为之后归纳认识四季温度变化引发动植物和人的变化奠定基础。然后通过分析小松鼠为什么在秋季储存食物，帮助学生将动物的变化与植物的变化建立关联，培养学生分析、推理的能力和用关联的视角看问题的能力。

3.认识人在不同季节中发生的变化

（1）**教师提问**：植物、动物在不同的季节中有不同的变化，我们人类在不同的季节中有变化吗？有什么变化？

预设1：冬季很冷，我们要穿羽绒服；夏季穿短袖、短裤就行了，不然太热了。

预设 2: 夏季天热,我们可以游泳、吃冰激凌,这样会让我们觉得很凉快;冬季可以滑雪,打雪仗。

（2）**活动**：在不同的季节里,我们的穿着有所不同。那不同的季节里,我们都需要什么样的衣服和用品呢? 老师想考考你们,这些衣服、鞋帽和生活用品分别适合哪个季节呢? 每人选择一组图片找到适合的季节摆在相应的季节格子里,先自己摆,然后再三个人交流,交流时请注意：①说清楚你的理由。你可以这样说：因为春季（怎样）,所以我们要穿（什么）,戴（什么）,经常用（什么）。②小声交流。

（3）**学生分组活动并将记录单贴到黑板上**。（图 1）

春	夏	秋	冬
			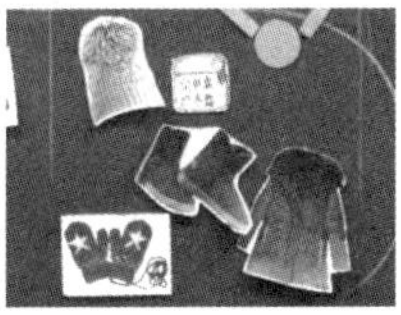

图1　学生的拼摆记录

（4）**汇报如下**：

①**预设**：衣服：因为春季暖和,有时候也会有点儿凉,所以我们要穿风衣;因为夏季热,所以我们要穿短袖;因为秋季天气变凉了,我们要穿长袖外套;因为冬季冷,所以我们要穿厚的羽绒服或棉服。帽子：春季天气暖和,我选择了戴薄帽子;夏季天气热,我选择了戴遮阳帽;冬季天气冷,我选择了戴厚帽子。鞋:因为春季暖和,所以我们可以穿运动鞋;因为夏季热,所以我们要穿凉鞋;因为秋季凉爽,所以我们要穿薄靴子;因为冬季冷,所以我们要穿厚靴子。用品：因为夏季热,蚊子多,所以我们需要花露水,而且还要涂防晒霜,以免晒伤;我还选择了雨伞,因为夏季容易下雨。因为冬季冷,所以我们要戴手套,还要用护手霜,不然手会干裂,还会冻伤。

②**教师提问**：其他小组的同学有补充意见吗?

预设 1：我认为秋季也可以穿风衣,因为秋季也挺凉快的。

教师讲述：春季和秋季的温度都差不多，所以这件风衣我们既可以春季穿，也可以秋季穿。同样，秋季的这件外套也可以在春季穿。

预设2：我认为护手霜秋季也可以用。因为秋季开始刮风，手会变得干燥，所以使用护手霜可以让我们的手不那么干燥。

教师讲述：你们说的没错。秋季开始刮风，天气很干燥，经常涂护手霜可以给我们的双手保湿。

（5）**教师提问**：我们在一年四季中有了衣着的变化，除此以外，不同的季节，我们有什么不同的活动呢？

预设：春天我们去郊游，因为天气很暖和；夏天我们去游泳；秋天我们去登山，看红叶；冬天我们打雪仗，滑雪。

（6）**教师总结**：你们说的都很好，看来不同的季节我们的衣着、活动等方面都有变化。

【**设计意图**】在认识了植物、动物在不同的季节中有不同的变化后，思考"我们人类在不同的季节中有变化吗？有什么变化？"渗透类比推理的思维培养。通过给不同季节找对应的衣服和生活用具的活动，帮助学生获得在不同季节人们的衣着、活动有不同变化的科学认识，为下一环节归纳四季温度变化引发动植物和人的变化积累第三个科学认知，同时也在活动中培养了学生分析、比较的思维能力。

（三）认识温度变化对动植物和人的影响及其变化规律

1. 认识植物、动物和人的变化与四季的温度变化有关

（1）**教师提问**：通过交流，我们知道了不同的季节。在不同的季节中，都有哪些事物发生了变化？

预设：天气、温度、植物、动物、人都发生了变化。

（2）**教师提问**：为什么在不同的季节里，植物、动物和人会发生这些变化呢？

预设：因为春天开始暖和，小草、树木都发芽了；小动物们也出来活动了；人们也穿上薄一点儿的衣服到外面活动。到了夏天，天气很热，雨水多，植物长得特别好；小动物们也有好吃的，就都出来活动了；人们也穿上了最薄的衣服。到了秋天，植物结果了，但因为天气越来越冷，很多

植物的叶子开始变黄、掉落,准备过冬;小动物们也开始收集果实准备过冬;人们开始穿上稍微厚一点儿的衣服。到了冬天,天气特别冷,大部分植物落光了叶子;小动物们很少出来,吃贮藏好的食物过冬,有的动物干脆就冬眠了;人们也穿上了最厚的衣服和鞋子。

(3)**教师追问**:这样看来,植物、动物和人的变化都和谁的变化有关系?

预设:天气。

教师追问:而天气的变化又是因为谁的变化引起的?(适时引导:为什么冬季下雪,而夏季不下雪)

预设:温度的变化。

(4)**教师总结**:也就是说植物、动物和人的变化都是受一年四季温度的变化而引起的。

(5)**教师提问**:现在你知道为什么植物、动物和我们人在不同的季节会发生这些变化了吗?

预设:都是受温度的影响,植物、动物和人只有适应温度的变化才能更好地生活。

【**设计意图**】引导学生对不同的季节温度不同,植物、动物、人有不同的变化等多个事实进行比较、分析和归纳,最终认识到动植物和人的变化都是由四季温度的变化引起的,动植物和人有这些变化是为了更好地适应四季温度的变化,同时为下一环节认识四季温度的变化规律奠定基础。

2.认识四季温度的变化规律

(1)**教师提问**:四季温度的变化有什么规律?

预设:夏季热,冬季冷。

(2)**教师提问**:老师这里有红和蓝两种颜色,可以用哪个颜色代表夏季的温度?哪个颜色代表冬季的温度?

预设:红色代表夏季的高温,蓝色代表冬季的低温。

(3)**教师提问**:从夏季到冬季温度是怎么变化的?

预设:夏季温度最高,然后温度开始慢慢下降。初秋凉爽,秋季快过去时,温度比较低。初冬冷,气温会降到10摄氏度以下;在元旦到春节那段时间,温度会更低,更冷。

教师讲解：我们用橙色代表比较高的温度，用黄色代表比较低的温度。

（4）**教师追问：**再后来，温度是一直下降吗?

预设：温度会再上升，因为春季就要来了。到了春季，温度会继续升高；到了夏季，天气慢慢就热起来了，温度又是最高了。（图2）

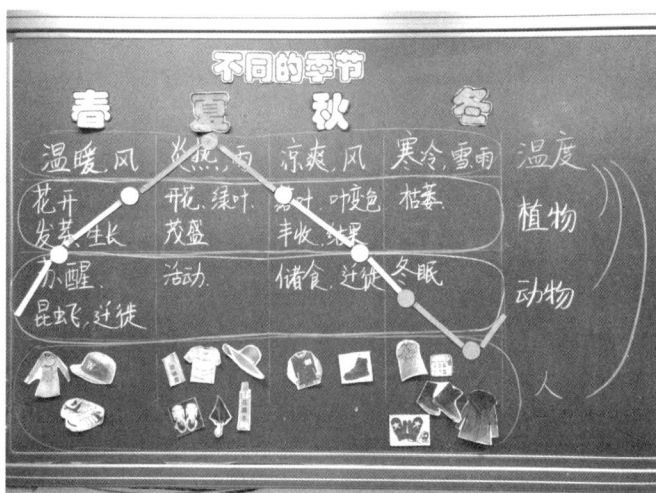

图2 温度变化示意图

（5）**教师提问：**看看示意图，你们发现一年中温度的变化有什么规律?

预设：温度逐渐升高又逐渐下降，然后又升高，这样循环。

（6）**教师总结：**正是因为温度有这样的变化规律，所以人们根据温度的高低情况来区分四季——春、夏、秋、冬，而不是严格按照月份来划分四季。每年温度从低到高，再从高到低有规律地变化着。于是，春夏秋冬就不断交替循环着，季节温度的变化会影响植物的生长、动物的行为和人们的衣着、活动变化。

【设计意图】利用不同颜色的纸条代表不同季节温度的变化，帮助学生直观地看到温度变化的规律，从而更好地帮助学生了解不同的季节中动植物和人之所以发生变化是和温度的变化相关联的，将原有浅显、片段式的认识进行综合，最终形成有内在联系的科学认知。同时，在认识四季温度变化规律的基础上，简单介绍四季的划分，完善学生对四季的认识。

（四）巩固与拓展

1.教师提问

我们所在的北京现在是冬季，你们知道南半球的澳大利亚现在是什么季节吗？

预设：夏季。

2.教师讲述

对，澳大利亚现在是夏季，它和北京的季节是相反的。另外，地球上还有一些四季区分不明显的地区，比如南极和北极，全年都很寒冷；在赤道上的印度尼西亚全年都很炎热。同学们，你们有想过为什么地球上会有季节相反的地区，又为什么会有四季不分明的地区呢？四季又是怎么形成的？在以后的科学课上，我们会继续学习这些内容。

【设计意图】帮助学生简单了解同一时间，不同地区的季节可能不同、不同地区四季区分的明显程度不同，完善学生的认知，并为高年级学习四季形成，认识地球、太阳的规律运动，建构核心概念太阳系中，地球、月球和其他星球有规律地运动着建立初步的认知。

七、板书设计

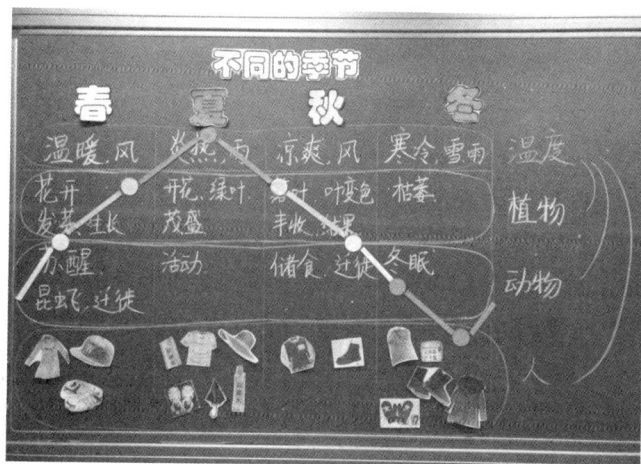

八、教学反思

本课教学不仅重视科学知识的培养，更重视学生科学思维能力的培养。

首先，在学生已有的认知基础上，教师帮助他们在对比中认识植物和动物在不同季节中有不同的变化这两个事实，并基于这两个事实进行类比推理——人是不是也有不同的变化？之后在说一说、摆一摆、辩一辩的活动中，获得在不同季节中，人的衣着和活动也会发生变化这个事实。然后引导学生对不同季节天气的变化、温度的变化、动植物和人发生的变化进行综合分析，归纳得出四季温度的变化影响了植物、动物和人的变化。最后，借鉴了黄豫谦老师的想法，利用不同颜色的纸条以折线的形式直观形象地展现温度的变化规律，从而更好地帮助学生理解植物生长、动物行为和人的衣着、活动等变化是受不同季节温度变化的影响，动植物和人的这些变化是为了适应四季温度的变化。

整节课，学生通过比较、综合、分析、归纳获得了科学认知，科学思维能力也得到了提升与发展。

《空气的组成》教学设计

北京大学附属小学丰台分校　胡秀伟

一、教学内容分析

（一）课标分析

本课属于课标中物质科学领域，涉及的学习内容如下：

学习内容	学习目标	
	3～4年级	5～6年级
3.2空气是由氮气、氧气、二氧化碳等组成的混合物质	·知道空气中的氧气和二氧化碳对生命具有重要意义	·知道空气是一种混合物质，氮气和氧气是空气的主要成分

空气是一种常见而重要的混合物质。

本课内容在新课标中属于高年级的学习目标，但教材中把它安排在了中年级，因此设计时我降低了标准：重点带领学生通过探究活动认识到空气至少是由两种不同的气体组成的，再通过阅读资料全面认识空气的组成成分及各组成成分的性质及用途，完善科学概念。

（二）教材分析

《空气的组成》是首师大版《科学》第四册"生活中的空气"单元中的教学内容。空气是地球上的重要物质，它跟人的生活生产关系极为密切，是科学课认识的重要对象。

在小学阶段有关空气的知识共分布在三册教材的三个单元中：

空气的知识 {
　第一册 "人与空气"：《空气》《空气占据空间》
　　　　　　　　　　《空气的用途》《空气和生命》

　第二册 "变化的空气"：《热空气》《流动的空气》
　　　　　　　　　　《风的观测》《关心天气》

　第四册 "生活中的空气"：《空气的组成》《氧气》
　　　　　　　　　　《二氧化碳》《燃烧和灭火》
}

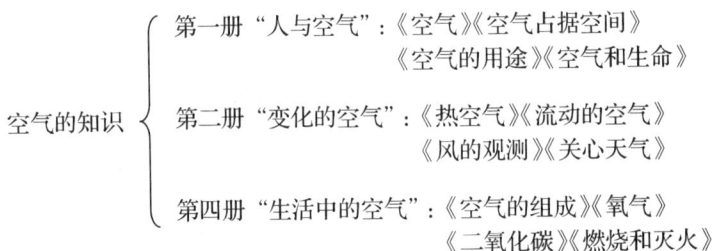

在本课之前，学生已经认识了空气的基本性质以及空气与人类的关系。本课将引导学生通过实验、观察、分析、阅读科学资料等方式认识空气主要是由氮气、氧气、二氧化碳等多种气体混合而成。在此基础上，让学生了解空气成分中氮气和稀有气体的性质、用途，拓展学生对空气组成的认识。本课还是这一单元的起始课，它将为后面认识氧气、二氧化碳做铺垫。

本课内容较多，分为两课时教学。第一课时：通过观察、实验、阅读科学资料等方式让学生认识空气的组成；第二课时：重点了解空气成分中氮气和稀有气体的性质、用途，拓展学生对空气组成的认识。本教学设计是第一课时。

二、学情分析

1.概念方面

在三年级，学生已经认识了空气与人类的关系和空气的一些基本性质，如：空气是无色、透明、无气味、无味道、会流动、没有固定形状的气体，空气可以占据空间，空气可以被压缩，压缩空气有弹性，热空气会上升等。其中"空气可以占据空间"与本课学习关联密切。

此外，通过课前调查可以发现：对于空气的组成，大多数学生认为空气不是单一的气体，它当中有与人类呼吸有关的氧气、二氧化碳，有氢气球中的氢气，还可能有水蒸气、一氧化碳、固体的微粒（尘埃）等。在这些气体中，学生们觉得氧气在空气中所占的比例应该是最多的，因为人类的呼吸需要氧气。然而当问及学生"如果在一支点燃的蜡烛上方罩一个玻璃杯会发生什么现象"时，他们都知道蜡烛会熄灭，但当追问原因时，绝大多数学生觉得是杯中的空气被蜡烛燃烧用完了。这就与前面学生认为

"空气不是单一的气体"自相矛盾。以上的调查结果显示：学生对空气的组成有一些自己的想法，但是他们的认识是模糊不清的，是浅显、不全面的，还需要教师借助一系列的实验、观察、分析等探究活动帮助学生逐步树立对空气组成的正确认识。

2. 能力方面

经过一年的科学学习，学生已经具备了一定的实验、观察、记录、分析等科学探究能力。本课将继续培养学生的观察和实验能力，并重点培养学生根据实验现象进行分析推理的逻辑思维能力。

三、学科核心素养

科学学科核心素养中关于科学推理的描述为：重点是正确使用分析、综合、归纳、演绎、比例、概率、控制变量等方法；从定性和定量两个方面进行科学推理，形成规律和理论，解释自然现象和解决实际问题。本课主要采用类比推理，并配合以"分析、综合、抽象、概括"等思维方法，做出判断与推理，逐步建立起对空气组成的科学认识。

四、教学目标及重、难点

（一）教学目标

1. 科学概念

通过探究空气组成的活动和阅读相关科学资料，知道空气是由氮气、氧气、二氧化碳、水蒸气、稀有气体等多种气体组成的。

2. 科学探究

在探究空气组成的过程中，培养学生实验、观察、记录等获取证据的能力，以及基于证据分析推理的思维能力。

3. 科学态度

在探究过程中，初步培养学生认真细致、实事求是、与人合作、乐于探索的科学态度。

4.科学、技术、社会与环境

对人类赖以生存的空气的组成产生思考和研究的兴趣。

能够运用简单的材料设计实验探究空气的成分。

（二）教学重点

通过探究空气组成的活动和阅读相关科学资料，知道空气是由氮气、氧气、二氧化碳、水蒸气、稀有气体等多种气体组成的。

（三）教学难点

能根据实验现象，基于证据进行合理的分析推理，初探空气的组成成分和空气中各种气体所占的比例。

五、教学准备

（一）分组材料

两支蜡烛、垫蜡烛的纸片、火柴、打火机、大集气瓶，实验观察记录单。

（二）演示材料

除了以上提到的材料，还需要准备：水槽、带胶管的小杯子、小红球、粘在玻璃片上的蜡烛、装红色水的培养皿、打火机、火柴、擦桌布、直筒玻璃杯；幻灯片课件：实验方法、空气成分的图片等。

六、教学过程

（一）复习导入，集中话题

1.猜谜活动

"看不见，捉得着，不香不臭没有味道。说它是宝，到处都有。动物、植物离不了，我们人人都需要。"

预设：这是空气。

2. 教师提问

谁能说一说，你是怎么猜出来的？你还记得空气是一种什么样的气体吗？它有哪些特性？

教师随着学生的回答，用气泡图的方式帮助学生梳理所学过的有关空气的知识，并适时补充空气的一些特性。（如图1所示）

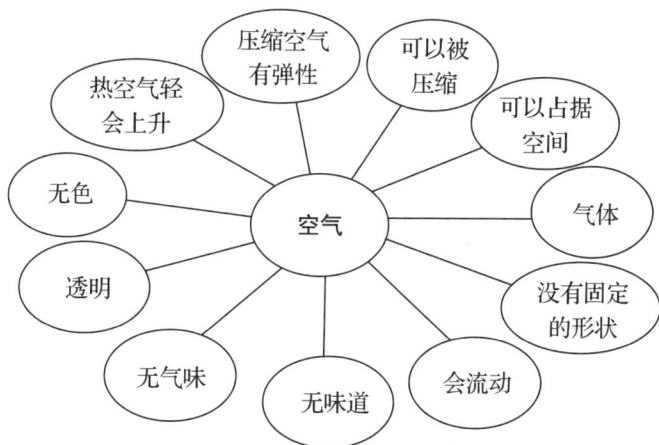

图1 空气特性气泡图

3. 谈话

从今天开始我们将继续学习有关空气的知识。

【设计意图】通过猜谜语的形式，激发学生的学习兴趣，同时起到复习巩固、引出学习内容的作用。

（二）探究空气的组成成分，建立科学概念

1. 引发猜想，揭示学生的前概念

教师提问：我们的周围到处都有空气。那你觉得干净的、未被污染的空气是一种单一的气体，还是由几种气体组合而成的呢？

预设1：空气是一种单一的气体。

预设2：空气是由多种气体组成的，如氧气、二氧化碳、水蒸气、氢气……

教师追问：你觉得空气是由哪些气体组合而成的？说说你的理由。

【设计意图】引导学生运用已有的知识经验对"空气的组成"做出猜想与假设，展现学生的原有认知情况。

2.实验探究，初步认识空气的组成

（1）**教师讲述**：那么空气到底是由什么组成的呢？今天我们就来研究空气的组成。（板书课题：空气的组成）

关于这个问题，科学界已经有了定论。但是在几百年前，空气的组成一直是个谜。在早些时候，人们普遍认为空气是一种单一的气体。我们现在所知道的空气的组成是一代又一代的科学家通过不断的观察、实验、研究得出的结论。可你想不到的是人们最初对这一问题的研究其实是源于对身边常见现象的观察与思考。今天就让我们像科学家一样从观察中开启我们的研究之旅！

【设计意图】向学生渗透空气组成发现的科学史，让学生知道观察与实验是获得科学认识的基础，是科学研究的重要手段与方法。

我们先来做个小实验，看看你们能否从这个实验中获得一些启发。

（2）**谈话**：（出示两支蜡烛）我们都知道点燃蜡烛，蜡烛可以燃烧。（边说边演示）如果我们把其中的一支蜡烛用玻璃瓶罩上，另一支不罩，你们猜想会发生什么？

预设：罩上玻璃杯的蜡烛肯定会熄灭，另一支没被罩住的不会熄灭。

教师提问：熄灭也分不同的情况，你们觉得罩上玻璃杯的蜡烛是立刻熄灭还是渐渐熄灭？

【设计意图】学习实验方法，引导学生依据生活经验做出合理的推测，进一步了解学生的前认知水平。

（3）**教师提问**：在实验过程中，同学们要认真观察实验现象，并思考为什么会出现这些现象？

可以用简单的图画和文字把你观察到实验现象记录下来，并试着解释所观察到的现象（如图 2 所示）。完成后请思考：实验说明空气有什么样的特点？

观察实验		
实验现象		
我的解释		

图2　蜡烛燃烧观察记录单

（4）**教师巡视指导**。

（5）**组织汇报、研讨**：你观察到了怎样的实验现象？试着解释为什么会出现这样的现象。

预设1：被罩住的蜡烛慢慢熄灭了，因为空气用光了；没被罩住的蜡烛一直燃烧，因为有充足的空气。

预设2：被罩住的蜡烛慢慢熄灭了，因为空气中的氧气被用光了；没被罩住的蜡烛一直燃烧，因为空气是流通的，有很多。

教师提问：实验说明空气有什么特点？

预设：空气可以支持蜡烛的燃烧。

【设计意图】培养学生的动手实验、观察记录能力和根据实验现象分析问题的能力，并在分析、比较的基础上做出自己的判断。

（6）**教师提问**：刚才有同学认为蜡烛熄灭是因为空气被用光了，那你们觉得这个瓶中还有空气吗？（或：瓶里的空气都用完了吗？）

预设1：没有空气了。

教师追问：为什么认为没有空气了？

预设：因为如果有空气，蜡烛还会继续燃烧，蜡烛熄灭了说明瓶中没有空气了。

预测2：可能有空气。

教师追问：如果还有空气为什么蜡烛不会继续燃烧呢？如果有，你们觉得瓶子里可能还有多少空气，是少一半，还是多一半？

预设：可能有空气，只不过是剩下的空气不能支持燃烧。

（7）**教师讲解**：对于现在瓶中是否还有空气，同学们有两种解释。有的同学认为空气可以帮助蜡烛燃烧，随着蜡烛慢慢地熄灭，瓶子里的空气都被用完了，现在瓶子里没有空气了。还有的同学认为空气中只有一部分气体是可以帮助蜡烛燃烧的，随着蜡烛的熄灭瓶子里的空气只是减少了一部分，瓶子里还有空气存在。

【设计意图】针对实验现象，引发学生分析思考，基于自己的经验做出相应的判断（假言判断），展示学生对空气组成的真实认识水平，并为后面的实证做铺垫。

（8）**谈话**：杯中到底还有没有空气呢？由于空气是无色、透明的，所以我们是无法用肉眼来分辨的，那么怎样才能让大家看到杯中的空气是否被用光了？

请同学们先和老师一起回忆一个实验。

教师边说边演示：出示一个小球，如果把它放在水面上并用一个杯子扣住垂直插入水底，你觉得小球会在什么位置？（如图3所示）水底还是水面上？为什么会发生这样的现象？杯子里的空间被什么占据着？如果把空气放跑，会发生什么现象？为什么会出现这样的现象？（如图4、图5、图6所示）

  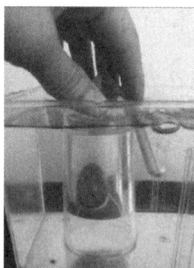 

图3　实验效果　　图4　实验效果　　图5　实验效果　　图6　实验效果

（9）**谈话**：看不见的空气可以借助看得见的水来显现，为了让大家看到杯中的空气是否被用光了，老师把刚才同学们做的实验进行了改进，看看你能不能从这个实验中找到答案。

教师讲解并演示实验：把固定在玻璃片上的蜡烛，放在装有红色水的容器里。（如图7所示）

图7　实验方法

A.不点燃蜡烛，罩上玻璃杯，观察有什么现象发生。思考：这时杯子里的空间被什么占据着?（如图 8 所示）

图8　实验效果图

B.点燃蜡烛，罩上玻璃杯，观察又会发生什么现象，想一想为什么会出现这样的现象。（如图 9、图 10 所示）

图9　实验方法　　　　图10　实验效果

教师演示，学生观察现象。

（10）**组织汇报：**

①**教师提问：**你观察到了什么现象？

预设：不点燃蜡烛，罩上玻璃杯，水没有进入杯中。点燃蜡烛，罩上玻璃杯，蜡烛慢慢熄灭，水逐渐进入杯中，水位逐渐上升，升到一定程度就不再上升了。

②**教师追问：**我们没点燃蜡烛时水不会进入杯中，点燃蜡烛后水就进入了杯中，你们觉得水的进入可能与什么有关系？

预设：与蜡烛的燃烧有关。

③**教师追问：**联系小红球的实验想一想，为什么没点燃蜡烛时水不会进入杯中？点燃蜡烛后随着蜡烛的逐渐熄灭，水会进入杯中？

预设：杯子里的空间被空气占据着，就像被扣入杯中的红球插入水中，位置就会处在水底那样，没点燃蜡烛时，因为杯子里的空间被空气占据着，水不能进入杯中；放走杯中的空气，小红球就会上升，因为空气腾出一些空间，水进入补充，小球的位置也就随水位上升。点燃蜡烛后，随着蜡烛的燃烧，空气被逐渐用掉，腾出一些空间，水也就会进入占据这部分空间。

④**教师提问：**实验说明了什么？

预设：蜡烛燃烧需要用掉一些空气。

教师追问：用去的气体有什么性质？

预设：用去的气体是支持蜡烛燃烧的。

教师追问：支持蜡烛燃烧的气体多吗？为什么？

预设：不多，因为杯子中只进入了少部分的水，进去多少水就用掉了多少空气，这些用去的气体是空气中支持蜡烛燃烧的气体。

【**设计意图**】借助观察实验中的转化法，验证学生的猜想，为学生的思维搭建"脚手架"。引导学生运用类比的思维，结合所学知识解释新的现象，从而认识到燃烧会用去小部分空气，纠正学生错误的认识，发展学生思维的灵活性，提高学生分析解决问题的能力。

（11）**教师提问：**根据刚才的实验分析，你能推测出杯中剩下的气体有什么性质吗？说出推测的理由。

预设：杯中剩下的气体是不支持蜡烛燃烧的，因为被罩住的蜡烛没有继续燃烧，而是熄灭了。

【设计意图】培养学生根据实验现象分析推理的能力。

（12）**教师提问：**你能利用小组中现有的材料设计一个实验证明瓶子里剩下的气体不支持蜡烛燃烧吗？

预设：学生能想出一些办法，但不是很严谨，如快速拿起罩着的玻璃瓶，并迅速把点燃的火柴或蜡烛放进去，看是否会立刻熄灭。

教师提问：其他同学同意吗？如果瓶子里剩下的气体跑掉了，外面新鲜的空气进入怎么办？

预设：用东西把瓶口罩住（盖住），尽量不跑气。

（13）**指导实验方法：**点燃空气中的蜡烛，用刚才的玻璃瓶罩住燃烧的蜡烛。（如图11、图12、图13所示）（或：用纸盖住玻璃瓶，把瓶子直立起来，掀开纸片，把点燃的蜡烛或火柴伸进瓶中）

图11 实验方法　　　图12 实验方法　　　图13 实验效果

（14）**教师提问：**你们预设会观察到什么现象？如果出现这样的现象，说明了什么？

预设：立刻熄灭，说明瓶子里剩下的气体不支持燃烧。

教师追问：那如果蜡烛不是立即熄灭，而是慢慢熄灭或继续燃烧呢？这又说明了什么？

预设：蜡烛慢慢熄灭或继续燃烧，说明瓶子里剩下的气体支持燃烧。

【设计意图】让学生根据自己的推测对实验可能发生的现象及其原因做出假设。引导学生做出假设、判断的过程，就是帮助学生梳理思维的过程，这会使他们的思维外显，了解学生的学习进展程度。

（15）**学生分组实验观察，教师巡视指导。**

（16）**组织汇报**：有什么现象发生？你怎样解释这一现象？

预设：如果有个别组不成功，蜡烛是慢慢熄灭的。

策略 1：当众再做一次实验，对比两次实验现象，试着分析第一次不成功的原因。

策略 2：演示实验：把教师前边演示用的倒扣的玻璃瓶，扣好玻璃片（使杯中不能进空气）将玻璃杯托出水面，倒过来，正着放好，点燃火柴，把玻璃片拉开一道缝儿，把燃着的火柴从缝中放入玻璃杯中。观察会发生什么现象，这又说明了什么？

注：此环节视情况而定，如果有个别组学生的实验不成功，教师演示辅助学生理解；如果学生的实验都很成功，此环节就不需要了。

（17）**教师提问**：通过刚才的研究，你们认为空气是一种单一的气体吗？空气中至少存在几种不同的成分？它们各有什么特点？

【设计意图】在大量的事实证据基础上，引导学生分析、综合、抽象、概括，并充分认识到空气不是一种单一的气体，且空气至少是由两种成分组成，从而使其初步建立空气组成的概念。

（三）阅读资料，完善对空气组成的认识

1. 教师讲述

通过刚才的研究，我们知道了空气不是一种单一的气体，它是由至少两类不同的气体组成的。要想再具体研究这两类气体的成分，就需要更专业的设备和更严谨的研究了。虽然我们目前的条件无法进行实验研究，但我们可以通过阅读科学家的研究成果，来继续深入了解空气由哪些气体组成的。

2. 阅读书上第2页

读后与同桌交流，说说空气是由哪些气体组成的。

3. 教师提问

科学家们通过长期的研究发现空气是由哪些气体组成的？

4. 教师提问

你们知道这些气体中是哪一种支持蜡烛燃烧吗？

空气中是支持蜡烛燃烧的气体多，还是不支持蜡烛燃烧的气体多？

预设：氧气是支持蜡烛燃烧的气体。

氧气在空气中的含量并不是很多，它只占空气体积的 21%。

教师追问：在不支持蜡烛燃烧的气体中什么气体最多？这种气体占空气体积的比率是多少？

预设：在不支持蜡烛燃烧的气体中氮气最多，占 78%。

教师追问：空气中还有什么气体？这些气体占空气体积的比率是多少呢？

预设：还有二氧化碳、水蒸气、稀有气体，这些气体和在一起只占空气体积的 1%。

板书：二氧化碳、水蒸气、稀有气体。

教师讲解：我们把它们统称为其他气体，空气是由这些气体混合而成的。（如图 14 所示）

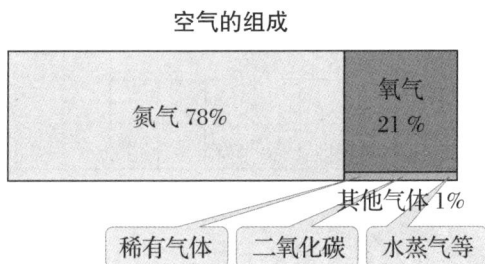

空气的组成

图14　空气组成示意图

5. 教师提问

现在谁能用一句完整的话说一说，空气是由哪些气体混合而成的？

【设计意图】通过阅读提取资料，让学生进一步认识空气的组成，建立、完善空气组成的科学概念；同时训练学生阅读科学资料，提取有效信息的能力。

（四）巩固应用，拓展延伸

1. 谈话

今天我们一起认识了空气的组成，通过学习，你对空气的组成又有了哪些新的认识？谁来说一说？

【设计意图】培养学生梳理知识，反思学习的能力，加深对空气组成的正确认识。

2. 出示方格统计图

你们能挑战一下自己，把空气的组成成分和各种成分所占比例转化到这一百个小方格中吗？请同学们课下用它做一张统计图，表示空气的组成。（如图15所示）下节课我们来交流展示。

空气的组成

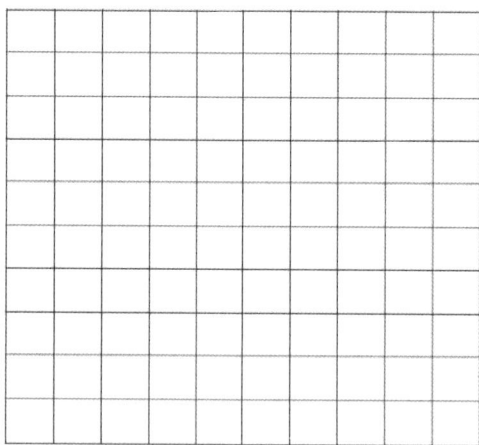

图15 空气组成统计图

【设计意图】让学生根据资料绘制统计图，培养学生梳理知识的能力和绘图的能力，同时这也是评价学生学习效果的方式之一。

3. 谈话

关于空气的组成还有很多地方值得我们研究。例如：空气中有78%的氮气。这么多的氮气，它有什么特性和用途呢？不到1%的稀有气体都包括哪些气体？它们又各自有什么特性和作用呢？下节课我们将继续认识空气中的氮气和稀有气体，同学们可以在课下先查找资料或向家长了解一下它们的特性与用途。

【设计意图】拓展延伸，为下节课的学习做准备。

七、板书设计

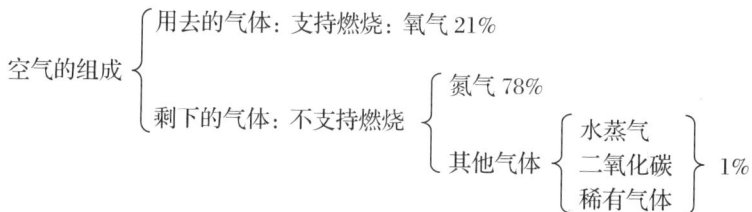

空气的组成
- 用去的气体：支持燃烧：氧气21%
- 剩下的气体：不支持燃烧
  - 氮气78%
  - 其他气体
    - 水蒸气
    - 二氧化碳
    - 稀有气体
  - }1%

八、教学反思

1. 围绕科学概念开展探究式学习，促进学生思维的发展

科学概念是小学生认识自然世界的基础。本课主要引导学生围绕科学概念开展探究式学习，并在探究过程中，帮助学生不断地寻找、获得证据。然后以证据为基础，运用各种信息分析和逻辑推理得出结论，逐步建立起对空气组成的科学认识，促进学生思维的发展。

2. 运用类比推理，突破教学难点

本课的难点是空气是单一成分还是混合成分以及其成分比例的初探。由于空气无色透明、看不见的特性，学生很难基于实证展开合理推理。本课借助曾经的实验"听话的小红球"，应用已有概念"空气占据空间"，对比本课"蜡烛燃烧、熄灭，水的进入"等实验现象，寻找其相同之处，进行分析推理。通过类比，学生知道水的进入，说明空气减少，让出了杯内部分的空间。在此基础上，继续引导学生思考在密闭的空间中点燃蜡烛导致空气减少的原因，从而推理出空气中有支持燃烧的气体，并进一步分析其所占比例，从而有效突破难点。

3. 提供有结构的材料，为学生搭建思维的脚手架

本课主要以"蜡烛的燃烧"为主体实验进行观察，由"空气中的蜡烛燃烧"到"罩瓶中蜡烛的燃烧"，再到"红水中罩瓶蜡烛燃烧"和"验证剩下的气体不支持燃烧"，一两根蜡烛贯穿了整节课的探究。随着学生最初的观察与思考，教师通过不断提供有结构的材料，改进实验方法，引发学生更深层次的思考。在通过不断地取证、分析、推理的过程中，推动学生思维的进阶，促进理性思维形成与发展。

《在观察中比较》教学设计

北京市丰台区槐房小学　王杜娟

一、教学内容分析

教材分析：本课作为测量单元的第一课，学生将先从观察恐龙模型开始，比较恐龙模型的大小，教材内容共分为三部分：

1.**聚焦部分**：图中的恐龙，哪只大，哪只小？这部分主要是利用学生喜欢恐龙的心理，引出比较恐龙模型大小的话题。让学生意识到，即便是比较谁大谁小的问题，也不是简单的"一看"就能得出结论的，需要经过仔细观察、确定比较的标准、认真比较之后才能作出判断。

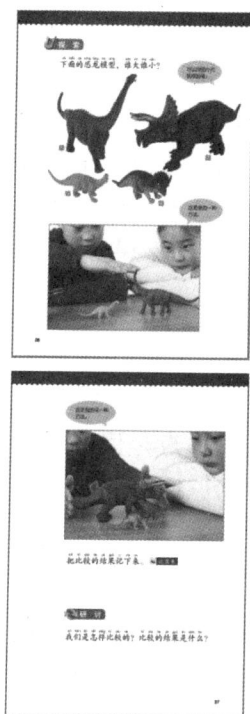

2. **探索部分**：比较恐龙模型的大小。这部分是以小组探究的形式，指导学生动手操作，对恐龙模型进行大小的比较，目的是让学生去思考如何比较大小。

左侧两幅图展示了学生常用的两种比较方法，引导学生关注比较的标准，从而达到公平比较；合适的比较方法可以使比较结果更准确。

3. **研讨部分**："我们是如何比较的""比较的结果是什么"。让学生讲述自己的比较方法。教师应提醒学生关注比较的方法之间有何不同，比如如何比高矮、比长短、比胖瘦，还可以向学生指出其中比较的细节，如头部对齐比长短，这样可以做到"公平"。

教师在试讲中发现，如果只按照教材安排，提出问题后直接放手让学生比大小，学生积极性很高，但是往往一节课下来很多学生只是在"玩"恐龙，真正掌握了比较方法、知道比较要"公平"的学生不到四分之一，并且经历过之前的自由比大小，研讨环节的大部分学生根本无法静下心来听其他人的发言。因此，在本次教学设计中将探索环节进行了"切割"，在教师的指导下切割成一个一个小任务，降低整节课的难度，注重探究过程的体验，激发学生的探究兴趣。

二、学情分析

一年级学生活泼好动，保持注意力时间短，从幼儿园进入小学还不适应，一周一节的科学课学生与教师的接触也不多，课堂上还不能完全听从教师的"指令"，做到"静下心来有目的地观察"是有一定难度的，所以在本课教学中教师通过创设"拯救恐龙"的情境，让学生在情境中观察比较，给恐龙按大小排队，学生的积极性大大提高，带着任务的观察也更有针对性。

另外，在以往的教学中发现，一年级学生是具备比较的意识的，但并不能意识到比较标准要一致，不能做到"公平"比较，例如有一部分学生知道比较恐龙的大小要按照一定的标准，但是他们在比较四只恐龙大小的时候标准往往又不一致。例如：四只恐龙中其中两只恐龙按照高矮比，另外两只又按照长短比，然后进行排序。这部分学生不能按照同一个标准对全部的物体进行比较，所以做不到"公平"比较。而大部分的学生在比较时没有方法，只是凭眼睛去看，得出来的结果缺乏有力的数据支撑，因此需要在课上进行渗透学生。

三、学科核心素养

科学学科核心素养中关于科学态度的内涵描述如下：重点是保持对自然界探索的兴趣，不断尝试用不同的方法展开研究与思考，坚持实事求是的态度以及合作分享的工作原则。主要包括探究兴趣、实事求是、追求创新、合作分享等基本要点。

学科素养中关于探究兴趣的描述如下：能对有兴趣的事物和现象，制订可实施的探究方案，能够表现出对事物的结构、功能、变化及相互之间的关系进行科学探究的兴趣。本课教学设计中创设"拯救恐龙"的教学情境，目的是激发学生的探究兴趣，引导学生使用合理的标准和方法进行公平的比较。

四、教学目标及重、难点

（一）教学目标

1.科学概念

①观察四种恐龙模型的长短、高矮就是在对其进行比较，比较需要"公平"。

②不同的比较方法，可能会有不同的结果。

2.科学探究

①能从多种角度观察和比较恐龙模型。

②尝试用排序的方式来描述和记录观察的结果，并与同学讨论、交流。

③树立可以对探究过程与方法进行反思的意识。

3. **科学态度**

①愿意倾听他人的意见，乐于分享自己的观点。

②乐于开展小组合作学习。

4. **科学、技术、社会与环境**

了解观察和比较是人们认识事物经常用到的方法。

（二）教学重点

能用科学合理的标准和正确的方法对恐龙模型进行比较。

（三）教学难点

愿意倾听他人的意见，乐于分享自己的观点。

五、教学准备

1. **学生探究材料**

水槽、4 只恐龙模型、记录表、B4 红色卡纸和传送带、（美术用）垫板。

2. **教师演示材料**

奖励用恐龙贴、演示用恐龙模型、板书用恐龙模型、翻页笔、课件。

六、教学过程

（一）情境导入，聚焦问题

1. **出示时光机图片，与学生进行对话**

今天王老师想邀请大家一起坐上这架时光机，到远古时代的一片原始森林里去看望那里的恐龙。

（播放视频）

视频旁白：欢迎同学们来到恐龙世界，看，调皮的副栉龙，鼻孔位于眼睛之上的梁龙，背上有一排巨大骨质板的剑龙，头盾周围长着角的三角龙，它们在一起嬉戏玩耍，多开心啊。突然……

2. 教师提问

你们看到恐龙遇到了什么危急情况？

预设：火山喷发，恐龙在四散逃跑，小行星撞地球。

3. 与学生进行对话

恐龙现在好危险啊，我们赶紧用时光机把它们运到安全的地方去吧。但是恐龙在上时光机的时候互相拥挤，谁都想先上，结果谁都上不去。恐龙们应该怎么才能上去呢？让我们想想办法帮帮它们。

预设：应该排着队一只一只上去。

4. 教师提问

按什么样的顺序排队呢？

预设：小个恐龙先上，大个恐龙后上。

教师总结：这是我们大家心中有他人的表现，现在让我们来当指挥员，指挥恐龙按照从小到大的顺序排好队上时光机。

【设计意图】一年级学生活泼好动，注意力不容易集中，创设"拯救恐龙"的游戏情境，可以激发学生的探究兴趣，让学生带着任务去学习，从而进一步提高其学习的积极性。

（二）探索活动，比较大小

1. 在了解观察中进行比较

（1）**对话**：快看，时光机屏幕上出现了等待救援的恐龙的照片，分别是三角龙、剑龙、梁龙和副栉龙。有些同学不知道它们的名字，所以咱们按照照片出现的顺序来给它们编序号吧，最先出现的编为1号，然后是2号、3号、4号。当你们叫不出它们的名字时，可以直接说它们身上的编号。

【设计意图】给恐龙编上序号是以防学生在后面的探索活动中说不出恐龙的名字；明确指出是按照时光机屏幕传来恐龙照片的顺序给恐龙编序号，以免部分学生错误地认为老师是按照恐龙大小进行的编号。

（2）**教师提问**：既然要指挥它们按大小排队，就要先知道每只恐龙的大小。下面请你仔细观察这四只恐龙，看一看它们哪只大哪只小？说一说你的理由。

预设 1：梁龙最大，因为梁龙最高 / 长。

对策：板书（高 / 长），那其他恐龙比它（矮 / 短）？

预设 2：梁龙最大，因为它的脖子最长。

对策：脖子长的恐龙个子就一定大吗？你看看是 2 号恐龙大还是 4 号恐龙大？（2 号）你再看看 2 号恐龙的脖子长还是 4 号恐龙的脖子长？（4 号）所以脖子长的恐龙体格不一定大哦，我们指的大是整只恐龙哪只大。

预设 3：梁龙最大，因为梁龙的腿最长。

对策：腿长的恐龙就一定大吗？我们指的是整只恐龙哪只大。

【设计意图】观察是比较的前提，任何比较都需要观察，因此在这个环节，教师安排学生先对图片中的四只恐龙进行认真地观察，在观察中进行有意识的比较，说出某只恐龙大的理由，同时也是调取学生已掌握概念的一个过程，通过对学生回答的引导，教师进行初步渗透：比较的内容要明确，比较的是恐龙个体的大小而不是恐龙某一部分的大小。

教师总结：通过观察照片，你们觉得 3 号恐龙最大，因为 3 号比其他恐龙长（手指黑板上的"长"字），也比其他恐龙高（手指黑板上的"高"字）。这是我们在观察中经过认真比较得出来的结果。下面我们就要亲自动手指挥它们排队了。

【设计意图】这个环节通过将四只恐龙呈现在一张幻灯片上，引导学生说出哪只大哪只小。希望学生在交流的过程中可以体会到，在"比大小"这个任务上每个人的标准会不一样，有的人觉得高（比较标准）的恐龙大，有的人觉得长（比较标准）的恐龙大，每个人对恐龙大小的比较标准不同。

2. 比高矮

（1）了解学生之间如何比高矮

课堂实录

教师：我们先按照高矮给它们排队吧？但是怎么比高矮呢？平时我们同学之间是怎么比高矮的呢？

（请一前 ·后两位差不多高的同学站起来）他们两个，谁高谁矮呢？

他们这样一前一后好比吗？要怎么站才好比呢？

学生：要站到一起。

教师：那咱们就请这两位同学到前面站到一起，然后怎么比较呢？你

来帮他们比一比。(请第三位同学)

(学生演示)最高的地方,这样用手一比就能很明显地看出来了。

教师:手要怎么放?有两位同学是这样比的,你们看这么比较行吗?
(如图1)

学生:不行。

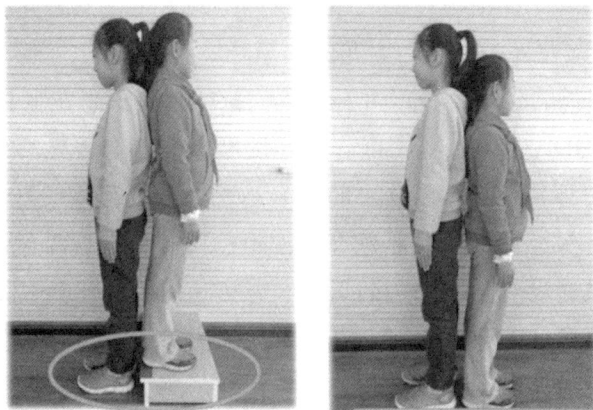

图1 示意图

教师:为什么不行?这种方法对于左边那位同学来说怎么样?

学生:不公平。

教师:那怎么样比才公平?

学生:要站在同一个水平面上。

教师:那我们应该怎样比较恐龙的高矮呢?

学生:把它们放在同一个水平面上进行比较。

【设计意图】通过比较学生的身高提出比较要公平,比高矮要站在同一个水平面上,为下面恐龙高矮的比较明确了方法:在同一个水平面上比身体最高点更加公平。

(2)教师边演示边讲解比高矮的方法

把恐龙放在同一个水平面上,然后比它们的高矮,只有这样比才是公平的,这个平面就是我们红色卡纸的指挥区域,一定要让恐龙在这个区域内比,因为在这个区域内恐龙能紧挨在一起,还能保证在同一个水平面上。在这个区域比完以后,把它们排在恐龙传送带上,只有站在传送带上排好队才能上时光机,由于要矮的先上高的后上,所以把矮的放在最前面,高的放最后面。

【设计意图】一年级的学生见到恐龙模型后的第一反应应该是一人抢一个恐龙便开始玩起来，完全把比高矮的任务抛在脑后，因此教师在这个环节将红色 B4 卡纸作为比较区域，规定恐龙必须在这个区域接受指挥，才能被救，这样学生要想救恐龙就会把它们放在一个水平面上了。

另外，在这个环节教师引入了"传送带"，在之前的"比大小—填记录"中加入排队的环节，变成"比大小—排队—记录"，填写记录表就没那么困难了，整个教学情境也就更真实了。

（3）介绍具体分工

四人一组，分别为 1 号、2 号、3 号、4 号指挥员，1 号、2 号指挥员负责比高矮排队，3 号指挥员负责按照从矮到高的顺序将恐龙身上的编号填写在指挥记录中。4 号指挥员负责监督，监督其他指挥员是不是在指挥区域内比的高矮，监督 3 号指挥员记录的是不是认真、正确，完成任务后回到座位坐好。

指导记录

zài guān chá zhōng bǐ jiào
《在 观 察 中 比 较》

gěi kǒng lóng mó xíng pái duì
给 恐 龙 模 型 排 队

dì zǔ
第　组

cóng ǎi dào gāo 从 矮 到 高			
cóng duǎn dào cháng 从 短 到 长			

（4）小组合作比较排队，老师巡视

（5）汇报观察比较的结果

预设1：出现两种情况：①三角龙②剑龙④副栉龙③梁龙

①三角龙④副栉龙②剑龙③梁龙

教师板贴（第一种情况副栉龙两脚着地，第二种情况副栉龙四脚着地）

教师提问：仔细观察这两组结果的4号恐龙，你们发现了什么？你们觉得哪种排队方法更公平呢？

预设：副栉龙正常情况下就是站着的，所以我们选择站着。

为了公平起见，我们认为，趴着就都趴着。

教师讲解：看来说得都有道理，为了比较的公平，我们在比高矮的时候出现分歧就要把自己的标准定得更细致一些，例如：要明确到底是四脚着地还是两脚着地。

预设2：出现一种情况。

（6）**对话**：在你们的指挥下，第一批恐龙按照高矮安静有序地被送到了时光机上。

【设计意图】在这个环节中，教师引导学生回忆自己如何比高矮，并介绍具体的比较方法：放在同一个水平面上比最高点，这种接近于测量的方法使得比较的结果更加准确、公平。同时，通过提供有结构的材料，使得在学生比高矮时出现了两种不同的结果。渗透：在一个大的标准下比较结果有分歧时，还需要制定更细致的标准，这样的比较才"公平"。

3. 比长短

（1）**对话**：但是这个时候有一些恐龙很不高兴，它说：别看我个子高，我身子还短呢？（手势比较高矮，长短）我怎么比别的恐龙大了呢？按长短比的话，我说不定在前面，先上时光机呢。那么指挥员们，下一批恐龙，我们就按从短到长的顺序给它们排排队吧。

【设计意图】再次将学生带入情境，使得比长短成为另一个任务。

怎么比长短呢？这次是比长短了，不是比高矮了，高矮是从头顶到地面，那从哪儿到哪儿是长短？（从头到尾是长短）怎么比？请你认真思考30秒。

（2）请几位同学到前面说一说是如何比长短的，提醒其他指挥员注意听并思考：他们的方法和你的一样吗？他们的方法好不好？

学生分组实验，教师巡视。实验后汇报。

【设计意图】通过材料的不同，让学生发现问题、分析问题、最终通过所学解决问题，进一步巩固对空气力量的认识，同时还培养了学生的思维能力。

4. 回顾问题，实例分析

教师提问：通过我们的验证，确实发现了空气有力量，但是要想让空气的力量起作用，还需要满足一些条件。比如我们的挂钩，可以被按压在玻璃上，但是不能被按压在墙面上。现在你能解释其原因了吗？

学生组内讨论后回答。

预设：因为玻璃等物体表面平滑，挂钩按压后，内部的空气被挤出，挂钩内没有空气或者有很少量空气，外面空气的力量大于内部少量空气力量，并克服了弹力，这样就把挂钩压在了塑料片上。而墙面表面相对粗糙，会有很多细小的孔隙，挤压后松开手，空气又顺着孔隙流进了挂钩内，所以挂钩内外都有空气，它们的力量相互抵消，在弹力的作用下，挂钩恢复原状，所以挂钩不能待在墙面等粗糙表面上。

（四）拓展延伸，巩固所学

1. 了解马德堡半球实验，认识空气的力量很大

教师讲授：通过刚才的实验我们发现，让挂钩牢牢待在塑料片上的力量，就是我们看不到的空气的力量。其实许多科学家都对空气的力量进行过研究，发现空气的力量不但存在，而且力量相当巨大。早在 17 世纪就有科学家做了一个著名的实验。（出示课件）1654 年 5 月 8 日，德国马德堡市市长格里克就做了一个实验，他把两个直径 30 多厘米的空心铜半球紧贴在一起，用抽气机抽出球内的空气，然后用两队马向相反方向拉两个半球。2 匹、4 匹、8 匹……直到用了 16 匹马才把两个铜球分开。而把铜半球上的阀门拧开，空气经阀门流进球里，用手一拉球就开了。这就是著名的马德堡半球实验。

2. 介绍大气层，认识大气压力很大

教师讲授：（出示课件）我们生活的地球表面包裹着一层厚厚的空气，我们把这层空气叫作大气层。大气层有 2 000~3 000 千米厚，世界最高峰

珠穆朗玛峰高约 8 844 米，大气层的厚度要相当于大约 340 个珠穆朗玛峰摞在一起那么高！我们感觉空气很轻，其实地球上的空气总质量有 5 300 万亿吨，这么大的质量会产生巨大的压力，我们把这种力量叫作大气压力。（修改板书：大气压力）

【设计意图】教师由实验结论引申拓展到介绍大气层和大气压力的大小，以及第一个证明大气压力存在的科学实验，激发学生的学习兴趣，唤起学生的求知欲。

3. 提出新问题

其实生活中的许多现象都和大气压力有关，同学们课下可以仔细观察，哪些现象与大气压力有关系？

七、板书设计

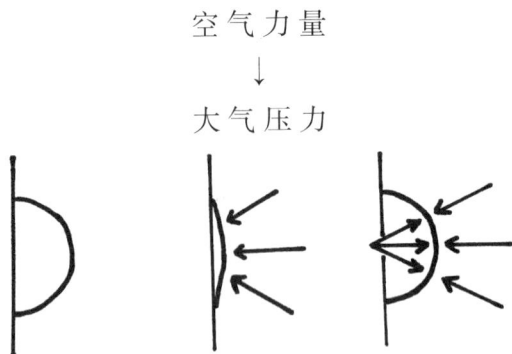

八、教学反思

教育最主要的目标是引导学生的思维。我们的科学课堂中不乏热热闹闹的探究活动，但在活动的背后往往是对思维培养的缺失。当我们放手让学生进行探究的时候，其实更不能放弃对学生思维的引领，让学生在知识、能力、思维等方面都得以成长。

人们生活在厚厚的大气层底下，每天都要呼吸空气，大气压力的存在与人们生活息息相关，但是由于它看不见、摸不着，我们的感官正常状态下感知不到它的存在，这就客观上增加了学生认知大气压力的难度，但同时也为学生逻辑思维的培养提供了一个难得的机会。为此，本堂课的设计作了以下的努力：

一、环环相扣，搭设思维发展的支架。本堂课的设计没有把重点放在通过多种实验证明大气压力的存在上，而是通过一个简单的实验——吸盘式挂钩实验，在教师的启发下，让学生自行探求大气压力存在的证据以及大气压力的工作原理。课堂教学是以生活中的现象引发学生的思考，提出猜想，在教师的引导下验证猜想，在师生的讨论中，通过已有知识的迁移修正猜想、提出新猜想，通过小组合作验证新猜想，得出结论，拓展延伸。整个思维过程是在一个个思维阶梯的更替中，逐渐趋于成熟的。

二、对比实验，构建思维碰撞的平台。实验中由于材料的不同，引发学生的思维碰撞，进而引起学生对材料进行观察、感受、比较，这时需要学生思维的深入发展——讨论、推导"贴与不贴胶带，对于挂钩实验来说引起了什么本质的不相同？"学生通过分析作出合理的解释：挂钩内部没有空气或有少量空气，外部空气的力量才能把挂钩压在塑料片上；挂钩内外空气流通了，力量相互抵消，没有力量再与弹力对抗，挂钩就恢复原状。如何让挂钩能待住？就需要有力与弹力对抗。怎样让空气的力量能与弹力对抗？需要把塑料片上的孔粘住。这一思维过程得出的结论，经过了正证和反证，更符合逻辑思维的特点——确定的、前后一贯的、有条理、有根据的。

三、适时酌量，提供思维提高的空间。学生在这堂课中，多次经历了从发现问题、提出问题、提出假设、验证假设到得出结论的过程，从头到尾，教师为学生提供了足够的思维空间和探究时间，也经历了一个帮、扶、放的过程。最初的问题分析，教师帮引学生思考；重点实验的分析，教师只做重点的引导，其余由学生自己分析思考；最后的拓展思考，则完全让学生自主完成。学生在实践中运用科学的思维方法认识事物、解决问题、指导行为，逻辑分析和推理能力逐渐养成并提高。

本节课的教学设计营造了浓厚的探究氛围，让学生始终处于积极的逻辑思维和探究活动中，使学生充分经历概念的形成过程。思维支架的搭设帮助学生进行逻辑分析，将探究活动不断推向新的高潮，引导学生思维的发展。本堂课教给学生的不止是科学知识、科学方法，更重要的是教会了学生科学探究的方法和逻辑思维的方法。

《水是怎样热的》教学设计

北京市丰台区草桥小学　石媛媛

一、教学内容分析

（一）课标分析

《水是怎样热的》属于《小学科学课标》物质科学领域的内容，在课标中主要涉及：

6.机械能、声、光、热、电、磁是能量的不同表现形式。

6.3 热可以改变物质的状态，以不同方式传递，热是人们常用的一种能量表现形式。

学习内容	学习目标
	5～6年级
6.3.3 热可以在物体内和物体间传递，通常热从温度高的物体传向温度低的物体	·说出生活中常见的热传递的现象，知道热通常从温度高的物体传向温度低的物体

（二）教材分析

本课是首师大版《科学》第六册"热与生活"单元第三课内容，继前两课——认识物体具有热胀冷缩的性质和热传导现象后，继续对热传递的方式——对流，展开学习。后续还要认识《太阳怎样向地球传递热》和《保温和散热》。从概念角度来看，本课与《勺柄是怎样热的》《太阳怎样向地球传递热》处于并列关系，同时又是《保温和散热》一课教学的基础。

本课教材内容分为三个部分（如图1所示）。一是利用暖气引出水和空

158

气是怎样传递热的问题。二是通过两个实验，进行求同归纳，认识水的对流现象。三是通过"水的对流"，类比推理空气是怎样传递热的，研究空气的对流现象。

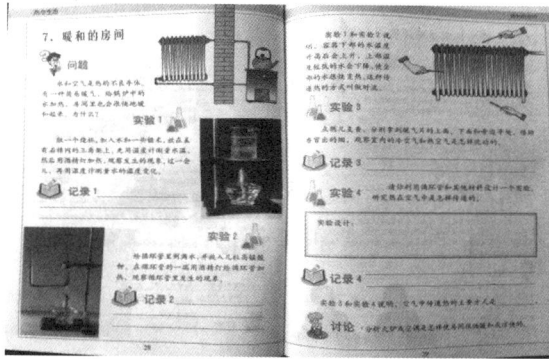
图1　教材内容

本课教学内容较多，在实验设计和得出科学概念的过程中又承托着类比推理、求同归纳和转换思维等思维方法和能力的培养，所以我将本课分为两课时，本节课为第一课时，通过探究"水是怎样热起来的"，建构"对流"的科学概念，培养学生的科学思维。

二、学情分析

（一）知识方面

1. 课前调查

教师随机抽取 30 名进行调查，针对"烧水的时候，热在水中是怎样传递的？"学生用以下图示表达了自己的想法（如图 2、3、4 所示）。

图2　想法 1

图3　想法2

图4　想法3

159

结合图示进行交流后发现，大部分学生都知道热从温度高的物体或区域传向温度低的物体或区域，但受上一节课学习的影响，他们都认为水是通过传导的方式热起来的，不过具体的想法有一些不同。持"想法1"的同学有2人，他们认为热量沿"火—壶底—底部的水"传递，水全热了，没有关注到热在整壶水中的传递过程。持"想法2"的同学有15人，他们认为热量沿"火—壶底、壶身—水"传递，水全热了，同样没有关注到热在整壶水中的传递过程。持"想法3"的同学有13人，他们认为热量沿"火—壶底—底部的水—上部的水"传递，水全热了，关注到了热在整壶水中的传递过程。但因为绝大部分学生平时不烧水，虽然曾在给水加热的实验中看到过水翻滚的现象，但没有清晰地观察到翻滚是因为热水上升、冷水下降的循环流动导致的，他们更没有深入思考过——为什么会这样？水不停地循环流动会带来什么影响？所以需要教师在课堂上带领他们细致观察加热过程中，温度不同的水的循环流动现象和过程，通过实证、分析、推理、归纳、概括得出水主要是通过对流的方式热起来的。

2.已有概念

学生已经掌握了水的性质、物体具有热胀冷缩的性质、热传递、热传导、水和玻璃是热的不良导体等科学概念。

（二）能力方面

学生能在教师的引导下，根据观察到的现象提出研究问题和初步的猜想，能根据猜想设计简单的实验。学生们曾借助烟、凡士林等物体，观察空气的流动和热在固体中的传导，这将有利于他们在本课中主动选择合适的材料帮助他们观察热在水中的传递路径，但学生们根据猜想进行严谨推理完成实验设计的能力还稍弱，主动寻找、综合多个事实以得出严谨结论的意识和习惯也稍弱，这些都需要教师及时进行引导和培养。

三、学科核心素养

国家核心素养和科学学科核心素养重视学生科学思维的培养。科学思维是指有意识的人脑对科学事物的本质属性、内在规律性及事物间的相互联系和关系的间接和概括的反映。科学思维有多种思维形式和思维方法。

本课教学尊重并顺应学生的思维发展，通过引导学生对"水是怎样热的?"大胆猜想、严谨设计、细心观察、有效分析，帮助学生经历分析、推理的过程，学习转换思维、归纳思维和类比推理等科学思维方法，获得相应科学思维能力的培养与发展。

四、教学目标及重、难点

（一）教学目标

1.科学概念

通过探究水是怎样热的，建立对流的科学概念，知道水主要通过对流传热。

2.科学探究

学生能设计多种实验方案，并通过观察、分析，归纳出水主要通过对流传热。

通过借助木屑等物体在水中的运动方向，分析、判断不同温度的水的运动方向，培养学生分析问题的能力和转换思维。

3.科学态度

培养学生独立思考、敢于质疑、尊重证据的科学态度和与人合作的精神。

4.科学、技术、社会与环境

知道热对流在生活中的广泛应用。

（二）教学重点

通过求同归纳，认识水传递热的主要方式是对流。

（三）教学难点

水通过传导的方式传递热的前概念到水通过对流的方式传递热的科学概念的转化。

五、教学准备

酒精灯、铁架台、火柴、烧杯、水、木屑、高锰酸钾、温度计、镊子、记录单。

六、教学过程

（一）观察生活现象，提出研究问题

1. 复习

我们已经认识了热传导现象，还知道了不同的物体传导热的能力不同。在这套装置中（如图 5 所示），你能找出谁是热的良导体？谁是热的不良导体吗？

图5　烧水壶

预设：金属是热的良导体；橡胶把、玻璃和水是热的不良导体。

2. 激发认知冲突

下面，请大家观看用这套装置烧水的录像，你们能从中发现什么可供研究的科学问题？

预设 1：水是热的不良导体，怎么这么快被烧开？

预设 2：水是怎么热起来的？

……

3. 揭示研究主题

这节课，我们就来研究水到底是怎样热起来的。

板书课题：水是怎样热的？

【设计意图】本环节先复习热传导、热的良导体和热的不良导体的知识。在明确水是热的不良导体的基础上，播放1.5升的水很快被烧开的情景，激发学生的认知冲突——既然水是热的不良导体，为什么能这么快变热、烧开？引导学生在观察、思考中自主提出研究问题，能更好地激发和保持他们探究的热情，拉开思维培养的序幕。

（二）实验探究，建立对流的科学概念

1. 提出猜想

（1）**教师提问**：在烧水的时候，水是怎样热起来的呢？请用箭头或文字把你们的想法记录下来。

学生观察、猜想、记录。

猜想1：加热盘把热传给了水（如图6所示）。

教师追问：加热盘利用什么方式把热传给了哪部分的水？中间、上面的水又是怎么变热的？帮助学生首先明确加热盘通过传导的方式把热传给了最下面的水，然后帮助学生梳理出他们对中间、上面的水变热方式的想法——通过传导的方式，还是通过水的流动变热的。

猜想2：烧水时，最下面的水先变热，把热量一点点传递给上面冷的水（如图7所示）。

教师追问：下面的水怎么把热量一点点传递给上面冷的水？帮助学生明确想法——通过传导的方式把热传递给上面冷的水。

猜想3：烧水的时候，底下的水往上升，上面的水往下降（如图8所示）。

教师追问：水是先上升还是先下降？上升的水和下降的水有什么不同？帮助学生认识到底部的水先变热，先上升；上面的水是冷的，往下降。

猜想4：我们看到水在烧开的时候，好像循环着转圈，所以我们认为水热起来应该跟水的循环流动有关系（如图9所示）。

教师追问：加热的时候，水怎样循环转圈就全部热起来了？底部的水向上升，上面的水会流动吗？向哪个方向流动？向上升和向下降的水温度

有什么不同？帮助学生在观察到水往上升的基础上，猜想水可能还会往下流，并认识到从底部向上升的水温度高，从上面向下降的水温度低。

（2）**梳理猜想**：学生给这些想法分类。

我们的猜想——水是怎样热的？

五　4　班，第　4　小组

在下图中，用箭头或文字表示猜想

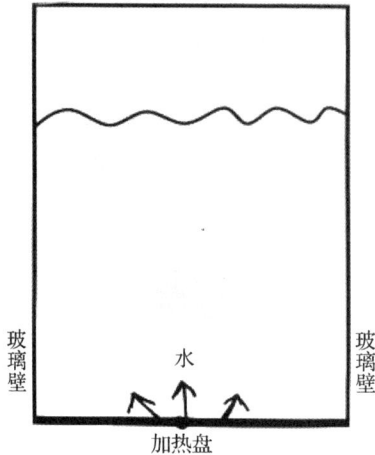

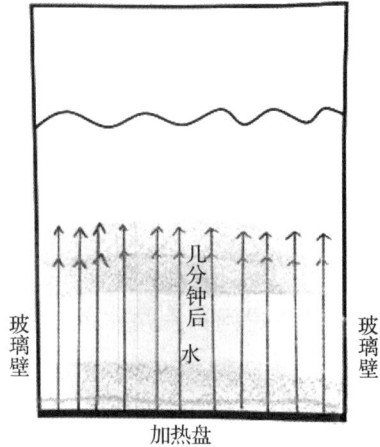

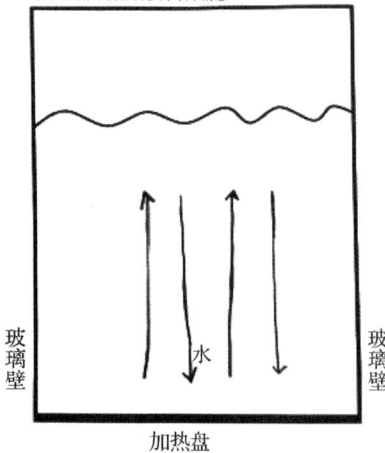

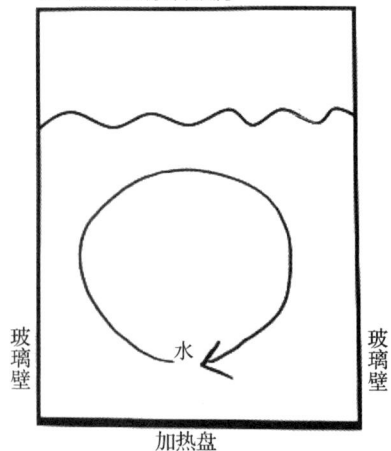

图6　猜想1

我们的猜想——水是怎样热的？

五　4　班，第　5　小组

在下图中，用箭头或文字表示猜想

图7　猜想2

我们的猜想——水是怎样热的？

五　4　班，第　1　小组

在下图中，用箭头或文字表示猜想

图8　猜想3

我们的猜想——水是怎样热的？

五　4　班，第　7　小组

在下图中，用箭头或文字表示猜想

图9　猜想4

教师总结：同学们的猜想可以分为两类——水通过传导传热、水通过热水上升，冷水下降的循环流动变热（如图 10 所示）。

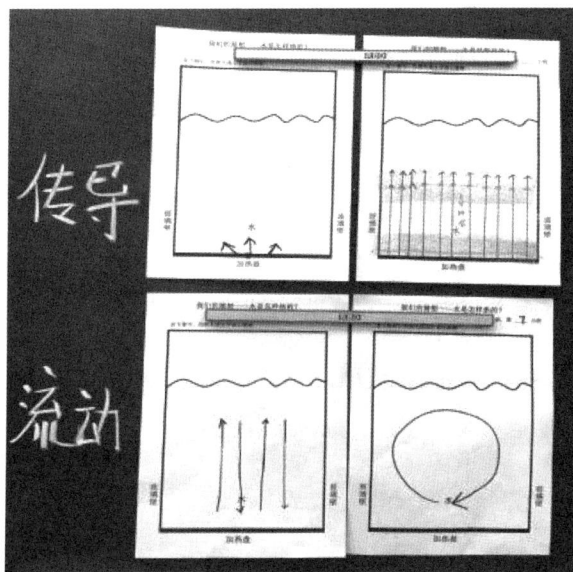

图10　梳理猜想

【**设计意图**】给学生充足的思考时间，利用图画、文字、手势等表达自己的想法。充足、有效地猜想是后面设计实验环节，进行比较、分析、求同归纳，认识水通过对流传热的基础。

2. 设计实验方案

这些猜想对不对？哪个对？需要大家通过实验来验证。

（1）要验证哪个猜想？

（2）需要哪些实验材料？

（3）实验的具体步骤是怎样的？

（4）假设：如果……，就证明……。

【**设计意图**】以四个问题引导学生有序设计和表达。用"如果……，就证明……"引导学生对实验现象进行充分假设，帮助学生更有针对性地观察实验现象，更有逻辑地从实验现象推理得出实验结论。

3. 交流、完善实验方案

预设1：学生没设计出实验方案。

165

对策：（1）明确实验方法——模拟实验。

（2）指导实验方法——（幻灯片出示热传导、热空气实验）借助其他物体观察实验现象。

预设2：验证"水通过循环流动热起来"的猜想

学生设计的方案：我们需要用酒精灯、烧杯和水，在水里放点儿轻的、有颜色的东西，用酒精灯给水加热，如果加热水的时候，这个东西先往上升，再往下降，就说明水是循环流动地热起来的（设计方案如图11所示）。

实验设计单

五　4　班，第　7　小组

我们要验证：水是通过　　　　循环流动　　　　的方式热起来的。

我们的实验设计（画图）：

说清：1.需要的材料。2.实验步骤。3.实验假设：如果……就证明……

图11　实验设计

策略：

（1）**明确实验方法：**用酒精灯和烧杯来模拟电热水壶烧水的情况，这是一个模拟实验。

（2）**教师追问**：为什么要往水里放轻的东西？

预设：因为水是无色、透明的，不容易看到水的流动情况，放轻的东西，就能通过这个东西的运动，判断水是怎么流动的了。

（3）**教师讲解**：借助一样物体，将原本看不见的现象转变成能看见的现象，这种方法叫转换法。

板书：转换法　　　　　　借物观察

　　　　　看不见 ————→ 看见

（4）出示可视化观察材料——泡过水的木屑、高锰酸钾。

（5）**教师提问**：你们用酒精灯加热烧杯的哪个位置？你们认为哪个部分的水会上升，水又从哪里下降？

预设：在烧杯底部的中间位置加热，这个部分的水会先变热，就会向上升了，上面的水温度低，会从边上往下降。

教师追问：按照你们的猜想，如果我们在烧杯底部的左侧给水加热，会出现什么现象？在右侧给水加热，又会出现什么现象？

预设：在左侧给水加热，左侧的水会先变热，向上升，上面冷的水从右面绕着降下来。在右侧给水加热，右侧的水会先变热，向上升，上面冷的水就从左面降下来。

（6）**教师引导**：如果改变加热位置，真的出现你们假设的现象，就能更好地证明你们的猜想了。

【设计意图】引导学生思考改变加热位置后可能出现的现象，帮助学生认识到对实验设计稍加改变，就能获得多个现象以证明自己的猜想，为进行求同归纳认识对流积累事实。

借助物体将原本"看不见"的现象转变成能"看见"的现象，是一种研究方法，教师适时引导学生回忆以前用过类似方法的课程，或是肯定学生对这种研究方法的主动运用，旨在引导或加深学生掌握这种研究方法，并借助其培养学生的转换思维。

预设3：验证"水通过传导热起来"的猜想

学生设计的方案：我们需要用酒精灯、烧杯、水和温度计。用酒精灯加热烧杯里的水，在水里上中下各放一根温度计，如果下面的水温最高，中间的水温居中，上面的水温最低，就证明热是沿着水一点点传递到上面的（设计方案如图 12 所示）。

实验设计单

五 _4_ 班，第 _6_ 小组

我们要验证：水是通过 _____指导_____ 的方式热起来的。

我们的实验设计（画图）：

说清：1.需要的材料。2.实验步骤。3.实验假设：如果……，就证明……。

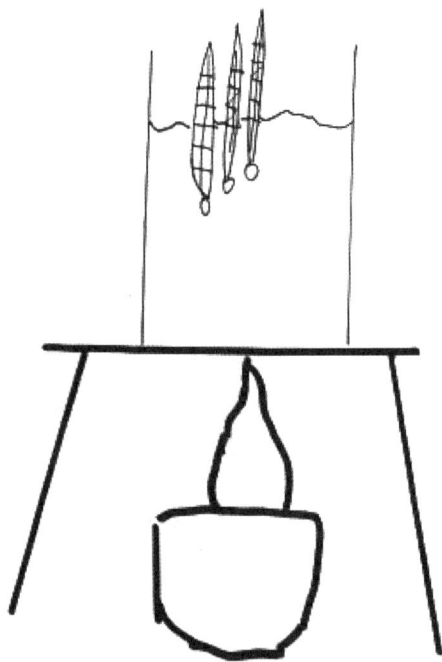

图12　实验设计

策略：

（1）**教师提问**：分层来测水的温度，非常好！不过，每层水的面积很大，只测量中间这一个点的温度，能不能代表整层水都是这个温度？怎样能测量的更准确？

预设：测量上中下三层水的温度，每一层分别选 2 或 3 个点。加热前测每个点的温度，加热后，隔相同时间再测一次，同时读数，看最终的温度变化趋势。

168

（2）出示实验装置（如图 13 所示）。

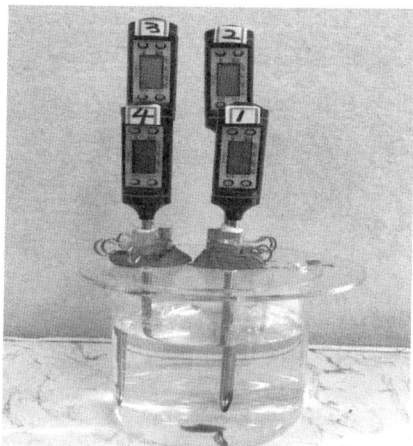

图13　实验装置

（3）**教师提问**：如果在 1 号温度计下方给水加热，这四支温度计的温度高低怎样排序，就证明你们的猜想正确？

　　预设：1、4、2、3。

（4）**教师提问**：验证水通过循环流动热起来的小组，这四支温度计的温度怎样排序能证明你们的猜想正确？

　　预设：1、2、3、4。

（5）**评价**：你们设计的实验太棒啦！不但能证明自己的猜想是否正确，还能帮助验证"水是通过循环流动热起来的"，实验证明了你们的想法。

【设计意图】给学生充足的时间对实验方案进行质疑、解释、完善，教师在关键时刻进行引导，帮助学生更为全面、严谨地思考和推理，逐步形成切实可行的方案。

4. 实验观察，收集、整理证据

（1）明确实验要求和注意事项。

（2）学生领取材料、实验、观察、记录。

（3）整理实验记录。

【设计意图】实验记录单中有相应的思考问题引导学生进行推理，帮助思维水平稍弱的学生在实验现象与结论间建立联系。

5. 交流实验现象

（1）交流验证水通过循环流动热起来。

教师提问： 当从烧杯底部的左侧、中间、右侧加热时，分别出现了什么现象？这些现象有什么相同之处？这说明水是怎样热起来的？

预设：（如图14所示）学生描述观察到的木屑/高锰酸钾的运动方向，推理水的运动方向，通过分析三个现象的相同之处，归纳出不管是从烧杯的左侧、中间，还是右侧加热，都是被加热位置的水温度最先升高，水上升，这个位置上面温度低的水下降，从而循环流动起来，水就很快全变热了。

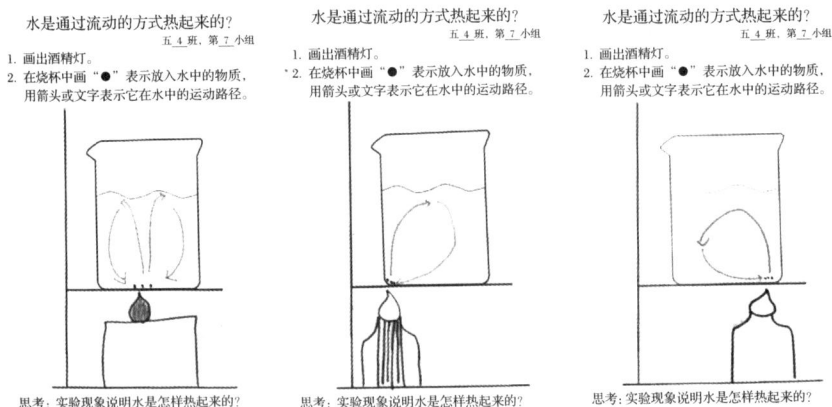

图14 实验记录单

【设计意图】 借助不溶解于水的木屑和能溶解于水的高锰酸钾的运动路径，推理不同温度的水的运动路径；通过分析三个现象的相同之处，进行求同归纳，实现从事实现象到一般性规律的提升，认识到：虽然加热位置不同，但在给水加热时，都是加热点的水温度最先升高，向上升，上方温度低的水下降，补充温度高的水上升后留下的空间，如此循环流动，所有水就全热起来了。

（2）交流验证水通过传导的方式热起来。

预设： 我们认为水是通过传导的方式热起来的，用温度计测量四个区域的水的温度变化，应该是按1、4、2、3的顺序热起来。但实际情况是水按照1、2、3、4的顺序热了起来（如图15、图16所示），这说明水不是通过传导的方式热起来的，而是通过热水上升、冷水下降的循环流动热起来的。

170

不同区域的水温变化记录

五4班，第6小组

要求：
1. 每人免费一支温度计。一直紧盯液柱的变化。
2. 视线对齐液柱顶端读数。
3. 每隔1分钟，1人发口令，4人同时读一次温度，并记录。

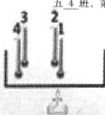

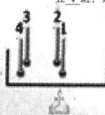

	1	2	3	4	按温度高低排序
0分钟	27	28	28	28	3241
1分钟	32	30.5	30.5	29	1234
2分钟	36	34	34	31	1234
3分钟	39	36	36	35	1234

四个区域 水是按照 _4_，_4_，_4_，_4_ 的顺序热起来的。
思考：这说明水是怎样热起来的？

图15　实验记录单

不同区域的水温变化记录

五4班，第4小组

要求：
1. 每人免费一支温度计。一直紧盯液柱的变化。
2. 视线对齐液柱顶端读数。
3. 每隔1分钟，1人发口令，4人同时读一次温度，并记录。

	1	2	3	4	
0分钟	25.1	25.3	25.5	25.1	
1分钟	27.3	26.7	26.5	25.6	
2分钟	29.1	28.7	28.2	27.6	
3分钟	32.4	32.3	30.1	27.3	

四个区域 水是按照 __，__，__，__ 的顺序热起来的。
思考：这说明水是怎样热起来的？

图16　实验记录单

【设计意图】借助温度计显示四个区域的水温升高顺序，帮助认为水通过传导传热的同学在否定原有猜想的同时，明确认识到水是通过循环流动热起来的。

6. 归纳概括，建构对流的科学概念

（1）教师提问：同学们观察到的这些现象说明水到底是怎样热起来的？

预设：加热水时，水通过热水上升、冷水下降的循环流动热起来的。

（2）揭示对流概念：当给水加热时，容器下部的水温度升高后，向上升，上面温度低的水向下降，补充温度高的水上升后留出的空间，然后再被加热，继续上升，通过这样不断地循环流动，所有水全都变热了，我们把像水这样的传递热的方式叫作对流。水主要通过对流传递热量。

【设计意图】虽然学生们有不同的猜想，针对各自的猜想也有不同的实验设计，但最终的实验现象互为印证，从而归纳得出水主要通过对流传热，建构对流的科学概念。

（三）巩固应用与迁移

1. 了解生活中的液体对流现象

教师提问：在生活中，大家还看到过哪些对流现象？

【设计意图】加深对对流现象的理解，并了解对流在生活中的应用。

2. 类比推理，猜想空气是怎样传递热的

（1）教师提问：水主要通过对流传热，是因为它具备什么特点？

预设：因为水能流动，所以它主要通过对流的方式变热。

（2）**教师提问**：空气也能流动，大家能推测一下空气可能通过什么方式传递热吗？

预设：空气应该也是用对流的方式传递热。

3. **提出下节课的研究主题——空气是通过对流传递热吗**

【设计意图】通过分析水有什么特点使其能通过对流传热，渗透液体与固体的传热方式与其自身的特点有关的认识，帮助学生认识到能流动的物体应该主要是用对流的方式传递热，进而引导学生类比推理出空气的传热方式，引出下节课的研究主题。

七、板书设计

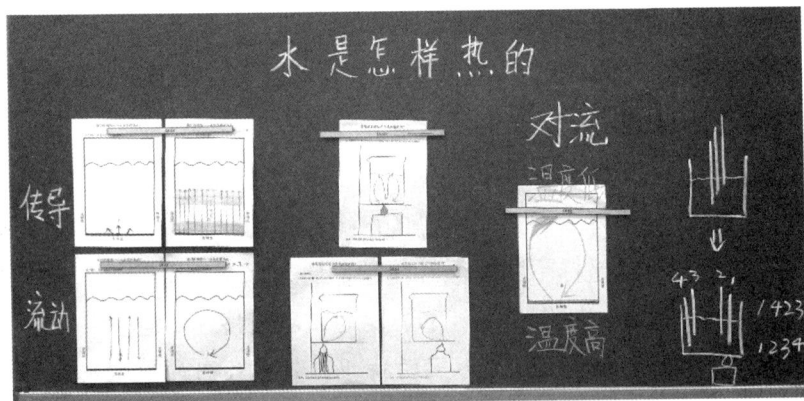

八、教学反思

1. 注重学生科学思维的培养

在本课教学中，鼓励学生针对问题提出多种猜想并设计实验，以求获得多个科学事实，进行求同归纳。指导学生选择合适的材料展现实验现象，培养他们的转换思维。引导学生综合分析多个实验现象的相同之处，归纳得出水主要通过对流传热，培养学生的归纳思维。通过分析水和空气的相同之处，类比推理出空气的传热方式，培养学生的类比推理能力。

2. 基于学生的认知起点，顺应学生的思维发展设计教学

因为现在的学生很少烧水，不能主动将烧水—水流动—水变热建立联系；也因为受前一课的影响，大部分学生认为水是通过传导的方式热起来的，并想用测水温的方法证明自己的猜想。因此，我顺应他们的思路改进教学和实验设计，帮助他们完成从"水通过传导传热"到"水通过对流传热"的概念转变。

3. 提供有结构的材料，促进学生思维的发展

为学生提供不同的材料，引导学生改变加热位置，帮助他们认识到：虽然材料、加热位置不同，但都是加热点附近的水先变热、上升，上面冷的水下降，通过不断地循环流动，水才热了起来。针对学生想用温度计测量水温的情况，调整实验设计，最终通过分层选点架设温度计测量水温，帮助学生清晰地观察到水温升高过程，明确水传热的方式。

基于土壤观察的猜想和分析

北京市丰台区西罗园第五小学 杨建军

逻辑思维能力是指正确、合理思考的能力，是对事物进行观察、比较、分析、综合、抽象、概括、判断和推理的能力。在小学科学探究活动中，从学生观察到的某种自然现象入手，启发学生积极思考，通过猜想和分析等思维形式，可以培养学生准确、有条理地表达思维过程的能力。

在学习教科版小学科学教材二年级上册第二课《土壤——动植物的乐园》时，我把学生带到了学校种植园，让他们观察地表有哪些动物、植物或是与其相关的东西。然后，我用铁锹把土壤铲到每组学生面前，进行土壤内部观察。

大家观察到土壤表皮有杨树、柳树和槐树的叶子，这些叶子已经干枯。在地表发现的动物有蚂蚁。有的组发现了粗细均匀的泥条，学生说那是蚯蚓拉的便便。有一名学生发现了一根鸟的羽毛。学生在土壤里发现了很多植物的根和一些还没有完全腐烂的树叶。发现的动物有蚂蚁、蚯蚓和蛴螬。我请学生对白菜、油菜、葱、胡萝卜、紫花地丁以及蒲公英的叶和根进行了详细地观察。

针对学生观察到的现象，我提出了相应的问题：

1. 为什么有杨树、柳树和槐树的叶子？

学生回答： 因为校园里有杨树、柳树和槐树。

我请回答问题的学生出示证据。果然，在他们发现杨树叶子西边 30 米的地方有 4 棵杨树；在他们发现柳树叶子东边 20 米的地方有 1 棵柳树。可是，他们并没有发现槐树。

2. 槐树的叶子是从哪里来的呢？

学生回答： 可能是被风刮来的。可是，学校周边没有槐树，要多大的风才能把槐树叶子刮来呢？

我让学生继续在校园里寻找线索。答案终于揭晓了，在他们发现槐树叶子西边 25 米的花廊下，生长着几棵紫藤。经过对比，学生判断，之前认为的槐树叶子其实是紫藤的叶子。

3. 发现的是什么鸟的羽毛？

有的学生说是麻雀的羽毛，因为校园里麻雀最多。有的学生反对，那根羽毛长 11 厘米，麻雀整个身体才 10 厘米左右，怎么会有这么长的羽毛呢？有的学生说是燕子的，其他学生也不同意，因为在学校里并没有见过燕子。我们又仔细观察了这根羽毛，上半段是灰黑色，下半段是白色。一个同学说，喜鹊就是黑白相间的颜色，这根羽毛会不会是喜鹊的呢？我们没有机会近距离观察喜鹊，只能到互联网搜索喜鹊的图片。确实，喜鹊翅膀的羽毛有两种颜色，但它的羽毛是下半段黑色，上半段白色。这个问题最终悬而未决。

4. 蚂蚁、蚯蚓和蛴螬在土壤里吃什么？它们在土壤里生活对生存有什么好处？

学生回答：蚂蚁把巢筑在土壤里，避免食物被其他掠食者抢走。估计蚯蚓和蛴螬在土壤里吃腐烂的树叶、土或是植物的根，因为土壤里没有其他的东西了。

这个问题牵扯的知识有些多，我决定留到下学期探究校园里的动物时再做研究。但是有一点学生达成了共识，这些生活在土壤里的动物都受到了土壤的保护，避免被鸟类等天敌吃掉。

5. 为什么说土壤是动植物的乐园？

学生回答：植物可以从土壤中获取水分和营养，使自己生长得更苗壮。更主要的是，它们的种子可以在土壤中生根、发芽，使这个物种继续繁殖。在土壤中生活的动物就更幸福了，有吃有喝，还有安全保证，所以说土壤是动植物的乐园。

这是一节特别关注学生逻辑思维发展的科学课。整节课的线索是观察同土壤相关的自然现象，然后产生问题，再经过猜想和分析，最终作出判断。

我们再回顾一下老师提出的某些问题。

1. 为什么有杨树、柳树和槐树的叶子？

学生回答，因为校园里有杨树、柳树和槐树。老师随后让学生出示证据，果然，学生发现了杨树和柳树。可是，他们并没有发现槐树。老师没有指出学生结论的错误，而是让学生沿着刚才寻找杨树和柳树的思路进行推理，并在附近寻找线索。果然，通过仔细对比，学生发现了认知的错误。这次训练，学生运用了逻辑思维形式中的观察和比较，抓住了槐树叶子与紫藤叶子的不同点，提升了观察能力。

2. 发现的是什么鸟的羽毛？

逻辑思维以概念为思维材料。小学生在头脑中已经形成了很多概念，但这些概念有对也有错，而大多数是模糊概念。科学课很大一部分的作用就是纠正学生已经形成的错误概念，使模糊不清的概念趋向具体、明确。

大部分学生对麻雀体长的概念是模糊的，所以判断捡到的是麻雀羽毛。他们的依据是，校园里的麻雀最多。这个判断当即就被否定了，因为那根羽毛的长度超过了麻雀的体长，不符合逻辑。是燕子的羽毛吗？这个观点也被否定了，因为学生没见过校园里出现燕子。学生的逻辑是，自己没见过的，就是不存在的。老师并没有否定学生的观点，原因是没有证据证明校园里近期出现过燕子。是喜鹊的判断也被否定了，因为喜鹊羽毛的颜色和捡到的羽毛的颜色正相反。

思维以语言为载体，每次表达都必须有充分的依据。这次交流没有发生争论，依靠的是对自己观点有利的证据和是否符合逻辑。羽毛的问题没有得出结论，是不是教学中的失败呢？当然不是，没有证据的支持，一切科学结论都是站不住脚的。有的老师特别愿意看到，课堂教学最后，学生顺利得出了科学结论。为此，甚至不惜给学生各种暗示，以达到自己希望的结果。这样做背弃了科学课程以实证为基础的学科特色，不可取。

对于科学探究活动来说，知道"什么是什么"固然重要，但是知道"什么不是什么"也很重要。科学研究是一个追根究底的过程，是一个吹尽狂沙始到金的过程。一个真相，可能需要几代人经过不懈努力才可以看到。学生要有尊重事实、一丝不苟的科学态度和百折不挠、坚持不懈的科学精神。

在课后，我带领学生对这根羽毛又进行了深入的观察、分析和推理。

从它的长度、形状和颜色来看，我们排除了灰喜鹊和斑鸠，很有可能是燕子或啄木鸟。但到目前为止，没有证据的支持，只能停留在猜想上。

3. 蚂蚁、蚯蚓和蝼蛄在土壤里吃什么？它们在土壤里生活对生存有什么好处？

学生关于蚂蚁的已有概念相对多一些，不少学生知道，蚂蚁把食物储存在地下巢穴里，可以避免被其他掠食者抢走。有的学生因为看到地表蚯蚓的泥条便便，推理到蚯蚓可能吃土。光吃土有什么营养呢？他们发现土壤里还有植物的根和腐烂的树叶。所以推理，蚯蚓和蝼蛄估计也吃腐烂的树叶或是植物的根，因为土壤里没有其他的东西了。

问题来了，白菜、胡萝卜、油菜的根还可以吃，腐烂的树叶和土怎么吃呢？蚯蚓和蝼蛄不怕拉肚子吗？显然，学生是站在人的角度思考动物的问题。这是我们在科学探究时常犯的一个通病——"以人之心，度动物之腹"。尤其是在我们对该动物科学概念知之甚少的情况下，分析和推理的每一步都有可能是偏离科学事实的。这些错误的概念、推理和判断，有待于在后面的研究中，被强有力的证据推翻。

事实是，蚯蚓把腐烂的树叶，甚至动物的粪便连同土一起吃下去，将营养吸收，废物排出。学生在日后会对蚯蚓进行更加细致地研究，当他们发现蚯蚓没有牙齿、味觉灵敏的时候，就会豁然开朗，明白为什么蚯蚓要"囫囵吃土"了。

4. 为什么说土壤是动植物的乐园？

经过一系列的观察、猜想、分析和推理，学生原本的错误概念被纠正，模糊概念变明确，最后的问题就迎刃而解了。有食物，可繁殖，能防盗，还有安全感，土壤对于这些不会逃跑的植物和几乎毫无战斗力的地下动物来说，真是乐园啊！

逻辑思维能力不仅是学好科学必须具备的能力，也是学好其他学科，处理日常生活问题所需的能力，其内涵极其广阔。猜想、分析和推理是基本的逻辑思维训练形式，特别适合在低年级科学课堂进行。但切记，观察是思维的起点，没有实证，就不能有结论。

用有结构的材料搭建学生思维的平台

北京市丰台区东高地第一小学　王雪蕾

科学课是以实证为基础的学科，在科学探究过程中充分而有结构的实验材料会刺激学生的思维得以发散。所谓有结构的材料是指各个材料之间、材料与教学内容和教学目标之间具有紧密的联系。教学中抓住这些联系设计探究环节，为学生搭建思维的平台，让思维的视野更加开阔，让探究活动更加深入，从而在活动中不断碰撞出智慧的火花。

要上好科学课，没有充分的材料准备，几乎不可能完成教学目标，更无法开展教学活动。所以实验学具的设计既要贴近学生生活，又要不失科学性。

我以《物体的结构》一课为依托设计了一节内容为"车轮"的实验探究课，让学生经历一个典型的"观察—发现—猜想—验证—应用"的科学探究过程。学生在体验科学探究乐趣的同时，保持和激发探究周围事物的兴趣和好奇心，让学生在亲历中感知车轮样子与功能的关系。在教学这一内容时，我选择身边常见且有结构的材料进行学具准备，结合教学内容及目标设计多组对比实验，活动中学生充分利用实验材料验证自己的猜想。

在引导学生思考生活中普通样子的车轮后，我对学生说："你们见过的车轮样子还真不少，老师也见到过一些，你们看。"此时屏幕上出现了火车轮、坦克车履带等视频资料，学生兴趣盎然地观看着。

这个时候我提出了问题："看到这些设计成不同样子的车轮，你们想到了什么？"

我发现其中一个学生盯着屏幕上定格的画面，歪着头在想我提出的问题，于是就将他叫了起来。他说："老师，我认为这些车轮设计成不同的样子，可能和它的用途有关。"

听到他的回答后又有同学说："老师，我觉得是和车辆行驶的环境有关系。"

我将学生的想法一一记录在黑板上，并开始了今天的探究活动。

各小组在选取实验材料后细心地观察材料、设计实验并对猜想进行验证。学生们那股认真的劲头、做事的条理性深深地吸引着我，让我的思绪完全融入他们的探究活动之中。忽然我听到了这样的声音："老师，您看！我们发现让火车行驶在轨道上时，它的车轮正好卡在轨道上能够顺利通过，普通小车行驶一段路后就掉下来了。""我们还发现轨道背面的板子可以看成是平坦的公路，火车轮子在上面行驶会把路面压坏的，这种路面比较适合普通车轮。""你们说得太好了！老师就没有想到轨道翻转过来还可以作为公路来实验呢。"看到学生有这样的独特设计真为他们感到骄傲！

我带着这种喜悦的心情，观察着课堂每个角落。当巡视到万向轮与普通车轮对比实验的小组时，又看到了学生们超乎想象的设计方案。"快！说说你们是怎么想到这样做的。""老师，我们发现这个材料是可以拆装的。把万向轮放在前面，连接后面的普通车轮，这样车的前面可以自由转换方向，车身拉长了，还可以装更多的东西。""你们给其他小组同学演示一下好吗？"学生的想法得到了老师的认同，非常高兴。有的学生和大家谈设计的思路，还有些学生则拿起材料为各组演示起来。

就在大家兴致勃勃地交流时，我又听到这样的声音："老师，我们也想和同学们说说实验情况。"一位小姑娘手举得高高地对我说，"我们组做的是压路机前轮与普通车轮的对比实验。我们给这两种车设计了一场比赛：在塑料垫板上放两堆土，把两辆车的轮子放在同一起跑线上，看看哪种车的车轮能把土堆压平。"

"你们真有想法！这样的比较设计更容易观察到现象了。"咱们一起喊："预备，开始！"课堂上，学生口令如此响亮。

课堂上擦出的这些智慧小火花让我在教学上有了一些收获，也引发了一点儿思考。

充分地观察让有结构的材料更有价值，有目的地观察利于学生在探究活动中思维的发散。实验探究课上，通常学生拿到材料后的第一反应就是动一动、摸一摸，教师有时会感到很无奈，平时在家里玩都不玩的东西在课堂上却成了宝贝，爱不释手。没有充分思考材料的使用就开始的活动不能称之为真正意义上的探究活动。探究是有目的的，带着问题进行的实践活动。因此，实验活动前指导学生观察材料的环节就显得尤为重要。通过观察，学生发现了普通车轮与火车车轮的区别，想到了与其相适应的行驶路面的不同；观察比较万向轮与普通车轮时，学生又发现了车身是可拆装的结构，于是他们设计出了超出教师预设的探究方案；观察压路机与普通车轮时，学生又想到了两车比赛压路的情景。课堂上精彩的探究方案一个接一个呈现在大家眼前，学生兴趣高涨，这种情绪有利于学生继续进行更加深入的探究活动。

有结构的材料让发散思维更有层次，充分而有结构的实验材料是进行探究活动的先决条件。如何充分利用材料引导学生发散思维？教学中我以"车轮"为探究主题，围绕它选择尽可能多的不同样子的车轮材料，运用材料发散法引导学生进行观察、比较，在有结构材料的视觉刺激下，有的学生想出车轮的多种样子；有的学生通过材料的比较，发现了车轮的特点，由此思考到不同样子的车轮与其发挥的功能是相适应的；还有些学生从车轮的原有样子与改装后车轮的样子之间建立联系，发现把车的某些结构改变后，可以更大限度发挥它的作用。这些发现与独特的想法在学生们的交流中相互碰撞，思维的独特性也在这些有结构的材料中瞬间被激发出来。

课堂实时生成让探究活动更加深入。教学中设计成可拆装形式的实验材料，其目的是携带方便，没有想到学生会对材料进行拆装组合。在活动中学生不仅认识到万向轮与其功能是相适应的，还进一步认识到要想让车辆灵活转向，可以将车轮设计成万向轮。这不单是一个小组的收获，也成为我的意外收获。科学课上每个实验材料的设计与制作都要充分考虑到它的实操性，看能否对学生的思维发展起到推动作用。有结构的材料才可能使课堂更加精彩！

科学探究活动中学生不仅要看，要听，更要去思考。发散性思维不仅运用视觉思维和听觉思维，也充分利用其他感官来接收信息并进行加工。我想在今后的教学中，我要思考的是如何让学生产生探究的激情，把多感官、多渠道获取的信息感性化，赋予信息更多的感情色彩，这样才会提高发散思维的速度与效果。

　　教师在课堂教学中要鼓励学生对科学问题的自我理解，尊重学生的个人感受和其独到的见解。通过提供有结构的实验材料为学生搭建思维的平台，让学生在观察中发现问题，在理解中掌握科学知识，在实践活动中获得更多科学探究的机会。真正做到亲身去经历，用心去感悟。

写在《实验部分》前面

　　不同的教师使用同样的实验教具会产生不同的效果。实验和教具虽然本身是冷冰冰的不会说话，但是就好比一千个读者就有一千个哈姆雷特一样，从不同的角度理解和使用它结果会大不相同。使用教具的第一个层次就是要让学生产生兴趣和好奇心；第二个层次就是要引发学生的思考，会产生什么现象？与我的猜想是否一致？如果到此就通过观察现象、验证猜想得出结论，学生思维能力的培养刚刚入门，就浅尝辄止了；第三个层次是不仅观察看到的现象，更要分析现象背后的原因，通过讨论交流达成共识；第四个层次是不仅分析现象背后的原因，根据达成的共识反过来从侧面或者反面再进行实验和讨论，学生的思维水平不再是线性的发展，而是网状的、循环交织的综合立体思维，向学生渗透辩证的、多角度分析问题的意识；第五个层次是不仅能多角度思考、分析问题，还能够根据问题，自行设计不同的实验及方法，初步具有批判性思维和创新思维。实验和教具的使用只是手段，利用它们培养学生的思维能力和思维品质才是我们的目的。

1. 通过抽取空气证明大气压力存在的实验

首都师范大学附属云岗小学　杨君

设计背景：

教材通过"覆杯实验"（如图 1 所示）证明大气压力的存在其实还只是个猜想，因为它是推理的结果，需要进一步验证，可空气是看不见的气体，这便增加了实验验证的难度。我的实验是以"如果杯垫周围没有了空气会怎样"为切入点，通过"抽取空气、杯垫掉落"的事实验证大气压力存在的猜想。

覆杯实验

图1

思维轨迹：

问题 1：
把装满水的玻璃杯悬空倒置，杯口上的杯垫为什么没有掉落呢？

猜想：
杯口周围有空气存在，可能是空气给了杯垫一个向上的力。

问题 2：
怎样证明杯垫不掉和空气有没有关系呢？

假设：

排除杯垫周围的空气。

问题 3：

如果直接抽取杯垫周围的空气，那么旁边的空气就会来补充。如果把玻璃杯固定在玻璃瓶里呢？

猜想：

如果把瓶内空气抽掉了就相当于抽掉杯垫周围的空气。

问题 4：

如果瓶内杯垫掉落说明什么？不落说明什么？

假设：

当瓶内杯垫周围的空气减少或消失时，如果杯垫掉落说明"覆杯实验"中的杯垫确实是受到了大气压力的作用——大气压力确实存在；如果杯垫不落说明此现象和其周围的空气无关。

制作材料：

拔火罐部件（活塞、真空枪）、大罐头瓶、小塑料杯或小玻璃杯、塑料片。

制作方法：

1. 在罐头瓶瓶壁下侧钻孔，把拔火罐的活塞插进钻孔，并用胶粘固密封（如图 2 所示）。

图2

2. 把小塑料杯杯底粘在大罐头瓶瓶盖儿内侧（如图 3 所示）。

图3

3. 把塑料片剪成略大于小塑料杯杯口而小于大罐头瓶瓶口的杯垫。

实验方法：

1. 向小塑料杯内倒水并盖上杯垫（如图 4 所示）。

图4

2. 把小塑料杯倒扣在大罐头瓶里并拧紧瓶盖（如图 5 所示）。

图5

185

3. 借助真空枪通过活塞抽取瓶内空气，观察杯垫是否掉落（如图6所示）。

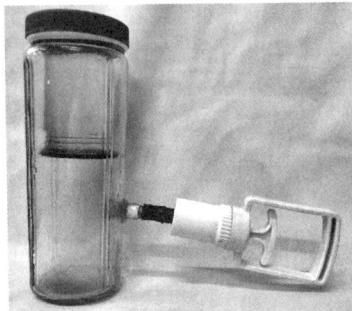

图6

实验现象及解释：

抽取瓶内空气后杯垫掉落，说明大气压力确实存在。

实验特色与效果：

本实验运用逆向思维与反证法验证了看不见的空气确实具有压力这一事实，实验具有创新性，渗透实证意识的同时为学生求证提供了事实依据。

2. 证明大气压力同时来自四面八方的实验

首都师范大学附属云岗小学　杨君

设计背景：

在"覆杯实验"中，如果用 1 个杯子和 1 个杯垫证明大气压力单向作用于物体的话，那么用 1 个筒和 2 个杯垫就可以进一步证明大气压力双向，同时作用于物体。可接下来如何证明大气压力多向，同时作用于物体呢？

思维轨迹：

问题 1：

怎样用 1 支注射器证明大气压力的方向？

假设：

一只手握注射器针管，并用食指封堵针管管口，用另一只手向外拉活塞，松手后活塞应该能在大气压力作用下复归原位。

问题 2：

怎样用多支注射器证明大气压力同时来自四面八方？

预设：

1. 食指封堵注射器针管管口并向外拉活塞，松手后可见活塞在大气压力作用下复归原位。如果活塞朝向各个方向时皆是如此，就说明大气压力来自四面八方。

2. 要想让多个小注射器同时运动，可以把它们连接在 1 支大注射器上。拉动大注射器活塞就是在同时抽取小注射器内的空气，如果指示各个方向的小注射器活塞都向以大针管为中心的方向运动，就可以说明大气压力同时来自四面八方。

制作材料：

5 支小注射器（5 毫升）、1 支大注射器（60 毫升）。

制作方法：

1. 在大注射器针管管壁前端上下左右等距离各钻 1 个孔。

2. 在大注射器管壁内预留 30 毫升空气，小注射器活塞分别向外拉出一段距离。

3. 把 5 支小注射器分别插进大注射器上下左右及前方插孔（如图 1 所示）。

图1

实验方法：

向后拉动大注射器活塞，观察实验现象。

实验现象及解释：

用大注射器抽取小注射器内的空气致使各针管内气压下降，从而使管外大气压力推动各个方向的小注射器内的活塞向以大注射器为中心的方向运动。

实验特色与效果：

通过指示不同方向的小注射器活塞的向心运动，不仅可以再次印证大气压力的存在，而且可以进一步证明空气对于物体的压力是各个方向同时存在的，在开阔学生思路的同时提升学生的认识水平。

补充说明：

1. 在本文中"同时"一词指同空间内各个方向的小注射器活塞都会受到大气压力的作用，而不是指活塞以同样的速度同时开始向心运动并同时到达小注射器前端。

2. 此教具还可用于"压缩空气"实验，实验前只需把 5 支小注射器活塞向前推到底即可（如图 2 所示）。实验时向前推动大注射器活塞，可见小注射器活塞同时向后运动，说明压缩空气有力量，且这种力量是朝向四面八方的。

3. 钻孔连接注射器方法简单，效果明显，但仍有可改之处，比如注射器被钻孔后就不能另为他用了。此外几套教具一起摆放时占据空间较大，而反复插拔又易造成密封不严。我的设想是制作一个专门的注射器连接套管，6 根塑料管彼此相通并代表各个方向（如图 3 所示）。实验时把 6 支注射器分别插进插头，不用时再分别拔下，拆装方便、节省空间，不必打孔。条件所限，此构想尚未转化为教具实体，希望能有人一试究竟。

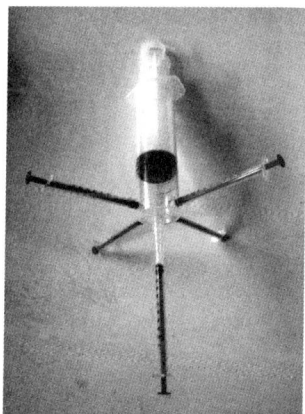

图2

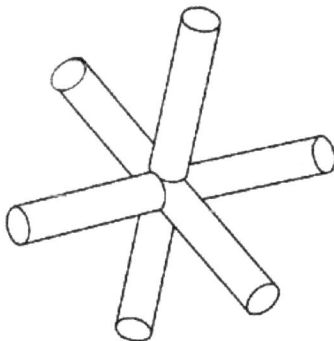

图3

3. 让学生亲身感受大气压力的实验

首都师范大学附属云岗小学　杨君

设计背景：

空气虽然很重要，但常常被忽视，因其无色、无味等性质难以觉察，对其压力难以感知。要想加深学生对空气尤其是大气压力的认识，不仅需要学生亲自去观察，还要想办法让学生亲身感受它的存在与力量。

思维轨迹：

问题 1：

（出示真空包装的大米图片）平时松散的大米在真空袋里就会彼此紧紧地挤在一起，很结实。那如果我们把一只握拳的手放进这样的真空袋里还能不能自由地伸展呢？

猜想：

1. 真空袋会紧贴在手上，但不会影响活动。

2. 手握拳放进真空袋可能会活动受限。

问题 2：

那怎么把套在手上的保鲜袋变成真空袋呢？

预设：

1. 学生把保鲜袋套在手上，用吸管吸出袋内空气。

2. 学生把保鲜袋套在手上，用手挤压袋内的空气。

3. 学生把保鲜袋套在手上，浸入水中用水压排气。

制作材料：

1 个保鲜袋、1 根吸管、1 根棉线、2 根皮筋。

制作方法：

先把吸管插进保鲜袋一角，再用棉线把插口处的薄膜与吸管扎紧密封（如图 1 所示）。

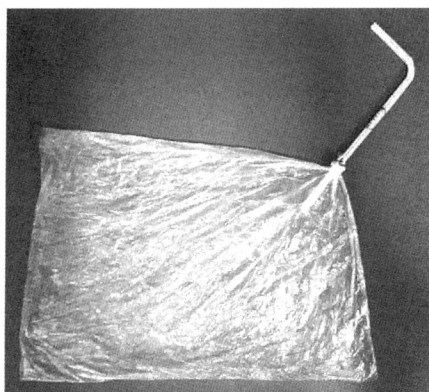

图1

实验方法：

1. 把保鲜袋套在手上，手握袋内吸管成拳状，并用橡皮筋把套在手腕上的保鲜袋扎紧。

2. 借助吸管用嘴尽量把保鲜袋里的空气吸出，使其紧贴在手上，然后尝试用力伸展"真空袋"里的拳头（如图2所示）。

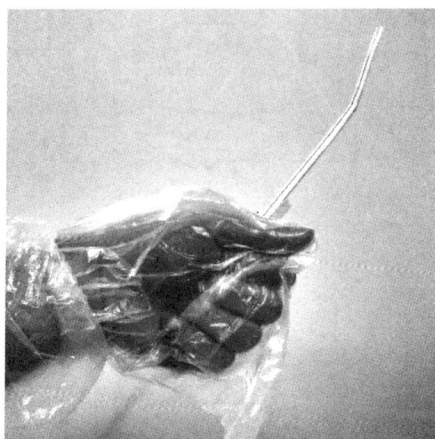

图2

实验现象及解释：

在大气压力作用下，"真空袋"里的拳头难以伸展。

实验特色与效果：

在大气压力的作用下，薄薄的保鲜袋已经变得超乎想象，平时屈伸自如的手指竟难以在"真空袋"里伸展，由此使学生亲身感受到大气压力的存在与力量，并在实验设计与体验中感受到动手动脑的乐趣。

补充说明：

我设想首先把一个保鲜袋去底成筒状，一端套在瓶口上扎紧，另一端套在手腕上扎紧，使手在瓶内成密封状态，接下来把瓶内空气通过瓶底预留的导管抽出，手指是否会因瓶内压力减小而产生肿胀感呢（如图3所示）？如果能感受到这种变化就可以更感性地理解人体在巨大的气压之下为什么没有被压扁了。人体在承受巨大压力的同时自身也会产生抗压力，因此不会被压扁，甚至不会有不适感，难怪人们常会忽视大气压力的存在呢。潜水员在潜水时上浮不能过快，带鱼从深海被捕捞上来无一幸免同样与外界压力的变化有关系，只不过这时是身体对水压变化的适应。

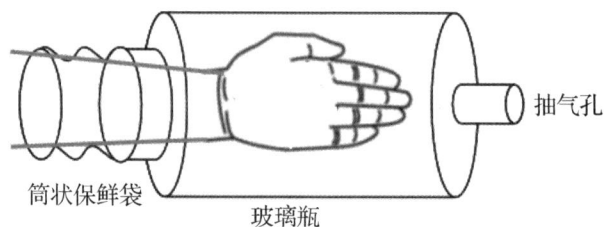

筒状保鲜袋　　玻璃瓶　　抽气孔

图3

4. 分离水中空气的实验

首都师范大学附属云岗小学　杨君

设计背景：

鱼类能生活在水中得益于空气的存在，但怎样让学生亲眼看见水中含有空气这一事实呢?

思维轨迹：

问题：

怎么用实验证明空气能否占据水的空间?

制作材料：

1个玻璃试管、1个橡胶塞、1支注射器。

制作方法：

首先把注射器活塞推到底，并把针头穿过橡胶塞，然后向试管内注满自来水，再把橡胶塞紧塞在管口内（如图1所示）。

图1

实验方法：

提拉注射器活塞，观察实验现象。

实验现象及解释：

提起注射器活塞，试管内部分清水因被吸进注射器而导致压力下降，溶解度降低，空气析出并以气泡的形式纷纷上升。

实验特色与效果：

1. 操作简便，现象明显。

2. 以往实验多证明空气占据固体空间，此实验则既可证明空气占据液体空间，又可证明空气可以溶解在水中。

5. 证明空气被压缩的实验

首都师范大学附属云岗小学　杨君

设计背景：

教材"实验4"是有关压缩空气的实验（如图1所示）：

图1

学生可以接受空气在小球内被压缩了的解释，但解释不能只建立在推理和想象的基础上，应该将小球内多装的空气展现在学生面前，以此作为支持解释的证据。如果再进一步把这些被释放的空气收集起来，则实验不仅可以激发学生兴趣、丰富经验，还可以进入深度思维、渗透求证意识。

思维轨迹：

问题1：

怎样证明小球内多装了很多的空气呢？

预设：

观察是否有多余的空气被释放出来。

问题2：

怎样知道小球内到底会多装多少空气呢？

预设：

把多余的空气收集起来。

问题 3：

怎样把小球内多装的空气收集起来呢？

预设：

把释放的空气导入塑料袋。

一、小足球实验

制作材料：

1 个气筒、2 个小足球、3 个气针、1 根塑料管。

制作方法：

在塑料管两端分别套接 2 个气针，形成彼此相通的"双头气针"（如图 2 所示）。

图2

实验方法：

1. 用手按压没气的球，观察球面现象。

2. 向亏气的球内打气，观察球面现象。

3. 用手按压满气的球，观察球面现象。

4. 继续向球里面打气，观察球面现象。

5. 用手按压足气的球，观察球面现象。

6. 双头气针分别连接没气与足气的球，观察实验现象。

实验现象及解释：

1. 用手按压没气的球，球面下陷，手感轻松；抬手时被按压处缓慢反弹，说明皮球自身具有一定的弹力。

2. 向亏气的球内打气，可见球面逐渐鼓起，至球面初圆时停止充气。用手再次按压球面，球面下陷，手需加力；抬手时球面恢复原状较快，说明球内空气在外力作用下体积收缩，球内空气被压缩后会产生弹力。

3. 继续向满气的球内充气，可见球面体积没有明显变化，而按压球面所需的力量却明显增加；抬手时球面回复迅速，说明球内超量的空气已处于被压缩的状态，加之被手按压而产生更大的弹力，致使球面反弹迅速。

4.用双头气针连通两个球，可见原本没气的球会因被充气而逐渐鼓起，而充满压缩空气的球体虽有大量气体排出，但体积没有明显变化。

实验特色与效果：

通过释放球内被压缩的空气，不仅可以进一步证实空气可以被压缩，还可通过瘪球的鼓起形象地展示说明球内确有多余空气存在的事实，并对多余的气量形成感性的认知。通过打气和放气对"空气可以被压缩"的概念形成更为完整的认识。

二、塑料瓶实验

制作材料：

1个自行车气门、1个矿泉水瓶、1个塑料袋或保鲜袋、1根棉线、1个打气筒。

制作方法：

1.在矿泉水瓶瓶盖中心钻个孔，把自行车气门插入圆孔并拧紧固定（如图3所示）。

图3

2.把带气门的瓶盖拧紧在瓶口（如图4所示）。

图4

实验方法：

1. 用打气筒通过气门向瓶内持续充气，观察瓶体的变化。

2. 把瘪塑料袋套在瓶口并用线扎紧，然后拧松气门观察实验现象。

实验现象及解释：

用气筒向瓶内充气，可见瓶体体积没有明显变化，但瓶壁会逐渐坚硬，说明瓶内已经装有超量空气；拧松气门，被压缩的空气经气门被排入空塑料袋，塑料袋因充气而逐渐膨大、竖起（如图 5 所示）。

图5

实验特色与效果：

1. 学生可以听到噬噬的排气声，看到因充气而逐渐膨大、竖起的塑料袋。通过塑料袋充气前后体积的变化，学生在感叹瓶内空气如此之多的同时，加深了对压缩空气性质的认知，这种超出学生预期的实验效果往往会令其印象深刻。

2. 相较于小皮球实验，二者材料不同但思路相同、效果相当，激发学生兴趣的同时拓展思路。

6. 多功能小水轮教具

首都师范大学附属云岗小学　杨君

设计背景：

"水位高低"实验要求水流大小相同；"水流大小"实验要求水位高低相同。在这两组对比实验中，如何有效控制水流的大小，确保落差的稳定、落点的准确、水流的时长是实验的关键，事关实验的实效性。经过不断地研究实践，我的教具在以上方面取得了一定的成效。

思维轨迹：

问题1：

怎样控制水流的大小？

思路：

通过排水孔的大小控制水流的大小。

1. 把支架横梁两侧末端用胶封堵，用以截断水流；两端上侧各打一个小孔，作为透气孔；两端下侧各打一个孔，作为出水孔。在出水孔区域再各套一个直通，在直通上纵向分别打一大一小两个孔，用以分别控制两侧水流大小及微调出水角度（如图1所示）。

图1

2. 分别转动支架横梁上的直通，通过直通上面一大一小两个孔的变化调节水流大小。当直通上的大孔与横梁上的大孔重合时会形成大水流；当直通上的小孔与横梁上的大孔重合时则形成小水流（如图2、图3所示）。

199

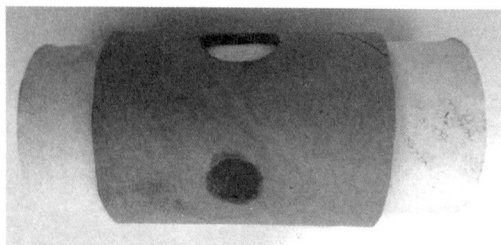

图 2

图 3

问题 2：

怎样确保落差的稳定？

思路：

把小水轮分别上下移动至所需位置。

在支架的两根立柱上分别等距离打出一列高度标记点，然后分别安装 1 个小水轮（如图 4 所示）。如果需要相同高度的水流，则把两个小水轮上下移动到同一高度（如图 5 所示）；如果需要不同高度的水流，则把两个小水轮上下移动到不同高度（如图 6 所示）。水在横梁的孔中流出，高度相同；小水轮固定在某一位置，高度不变，如此便确保了水流落差的稳定性。

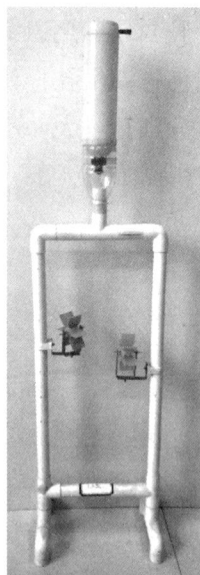

图4

图5

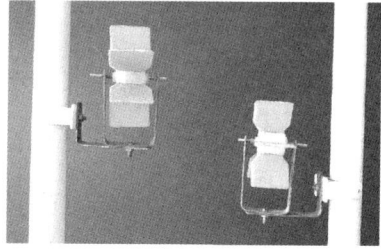

图6

问题3：怎样确保落点的准确？

思路：通过水平转动小水轮来调节水的落点位置。

要控制水流落点可以直接水平转动小水轮支架或转动横梁上的直通微调出水角度。

问题4：怎样确保水流的充足？

思路：装配专门的供水瓶，并在其中储存足够的水量（如图7所示）。

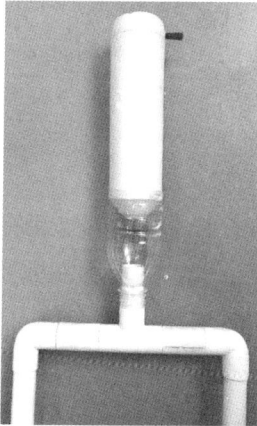

图7

制作材料：

PVC管、三通、直通、弯头、小水轮、矿泉水瓶等。

制作方法：

把各个部件安装在小水轮的框架上即可（如图4所示）。

实验方法：

（一）关于水位高低不同的对比实验

1. 把小水轮分别移至不同高度，以便形成水流落差。

2. 调试水流大小及其在叶轮上的落点。

3. 释放水流，观察小水轮转动的快慢。

（二）关于水流大小不同的对比实验

1. 把小水轮分别移至相同高度，以便水流落差相同。

2. 调试水流大小及其在叶轮上的落点。

3. 释放水流，观察小水轮转动的快慢。

实验特色与效果：

1. 此教具可有效控制水流的大小，能确保落差的稳定、落点的准确及水流的时长。

2. 学生不仅要做教具的使用者，有时还要引导他们做教具的研究者，从中培养他们发现问题、解决问题的意识。

补充说明：

1. 加装小水泵为本装置供水，循环的水流将更为持久、稳定。

2. 加装电子计数器，使小水轮的转动圈数数字化，变视觉感受为数据比较。

7. 热空气上升实验的改进与创新

首都师范大学附属云岗小学　杨君

一、关于证明热空气上升实验的改进

设计背景：

常见的热空气上升实验有小纸蛇和小风车实验，二者的转动皆以烛火加热空气上升为动力。

在小纸蛇实验中，纸蛇与棉线一起转动，随着圈数的增加棉线会越转越紧，产生的反转力随之增大，有时会出现纸蛇转动变缓甚至停转现象。在小风车实验中，被轴穿透的四个纸孔同时绕轴转动，所产生的摩擦力也会在一定程度上影响风车的转动。无论是小纸蛇还是小风车，反转力或摩擦力的存在都会影响其对热空气反应的灵敏性，为增加动力就要更接近火源，由此又增加了纸被烤煳的概率。因此如何应对反转力与摩擦力以提高二者的灵敏性是安全实验的关键。

思维轨迹：

问题1：

怎样减小棉线产生的反转力？

预设：

1.用细线代替粗线。

2.用鱼线代替棉线。

问题2：

怎样减小转动时产生的摩擦力？

预设：

用细的轴代替粗的轴。

制作材料：

小纸蛇、小风车、蜡烛、火柴、大头针、磁铁。

制作方法：

用大头针穿过小纸蛇或小风车，再把针尖吸在磁铁上。

实验方法：

点燃蜡烛，把小风车或小纸蛇置于烛火上方，观察实验现象（如图1所示）。

图1

实验特色与效果：

1. 首先小风车或小纸蛇以大头针为轴并与之同转时避免了扭力的产生，其次针尖吸在磁铁上可以把转动产生的摩擦力降至最低（针尖以点接触磁铁），提升灵敏度的同时提高了实验的安全性。

2. 此教具的设计涉及了摩擦力、磁力和热空气的知识，体现的是综合运用知识解决实际问题的能力。

二、关于观察热空气上升实验的创新

设计背景：

要证明热空气上升通常是依据香烟的上升或小纸蛇、小风车的转动现象进行推理，至于热空气上升的过程则难以得见。通过多年的观察实践，我发现利用强光照射烛火上方，在白墙或白屏上会出现热空气上升的运动轨迹。借此实验不仅可以进一步观察热空气上升的过程，还可以验证小风车等实验中对于热空气上升的猜想。

在前面实验的基础上继续思考，蜡烛直立时热空气向上运动，那么如果改变蜡烛的倾斜角度热空气又会怎样运动呢？通过观察学生会发现尽管蜡烛不断地改变方向或角度，但热空气始终是向上运动的，这对于学生深入学习是有益的。

思维轨迹：

问题 1：

怎样避免蜡烛倾斜时被烛油烫到手？

预设：

避免直接接触蜡烛，用夹子夹持蜡烛。

问题 2：

怎样避免操作蜡烛时遮挡观察视线？

预设：

给蜡烛加一根长杆儿。

制作材料：

PVC 管、弯头、三通、螺丝。

制作方法：

把 PVC 管、弯头、三通、螺丝进行组装，整体结构如图 2 所示，连接方法如图 3 所示，角度变换如图 3、图 4 所示。

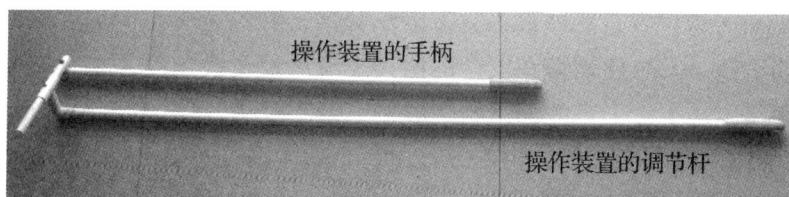

操作装置的手柄

操作装置的调节杆

图2

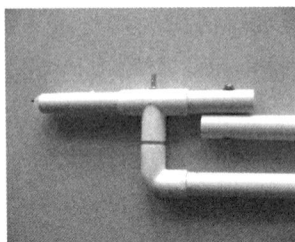

图3

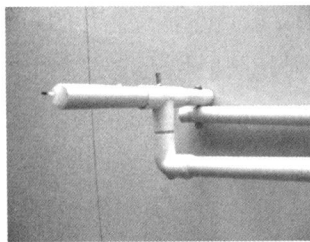

图4

实验方法：

1.把蜡烛插进操作装置顶部的塑料管中并点燃。

2.操作者站在屏幕一侧，一手持手柄使蜡烛位于屏幕前的光照区域内，学生观察蜡烛直立时热空气在屏幕上显现的运动轨迹及方向（如图5所示）。

图5

3.操作者的另一只手操控调节杆，通过前推或后拉来变换蜡烛的倾斜角度，学生继续观察蜡烛以各种角度倾斜时热空气在屏幕上的运动轨迹及方向。

实验特色与效果：

1.实验利用强光及白墙或白屏，能安全、清晰地展示热空气的运动轨迹及方向。

2.利用操作装置观察烛火上方的热空气，既可避免操作时对学生观察视线的遮挡，又可使蜡烛在安全的前提下灵活地变换角度，无论蜡烛垂直还是倾斜，热空气上升的动态始终清晰。

3.实验不仅使学生发现热空气上升的事实，而且通过进一步观察还会发现尽管蜡烛朝多个方向倾斜，烛火及其上方的热空气始终向上运动，从而进一步提高认识。

8. 自制简易电池实验的再设计

首都师范大学附属云岗小学　杨君

设计背景：

　　自制简易电池方法简单，但电量微弱，难以点亮普通小电珠，而耳塞声音嘈杂，虽可带给学生惊喜，但音效欠佳，由此我想对发声装置有所改进。

思维轨迹：

　　怎样才能利用液体电池听到更为清晰、悦耳的声音呢？

　　预设：

　　1. 换成更酸的液体。

　　2. 用更多的金属片。

　　3. 用更大的金属片。

制作材料：

　　音乐贺卡、导线、铜、铝金属片、罐头瓶（内装白醋）、长竹签、密封条、电烙铁、热熔胶。

制作方法：

　　1. 先取下音乐贺卡上的发声装置，再取下电池（如图1所示）。

图1

2. 用电烙铁把两根导线分别焊接在发声装置的正、负极上，再把导线的另外两端分别焊接在铜、铝金属片上。

3. 用密封条把铜、铝金属片对粘在一起，金属片间留有间隙互不接触。

4. 把改装好的发声装置用热熔胶粘固在长竹签上，再把竹签的另一端粘固在罐头瓶瓶壁上，至此发声装置制作完毕（如图 2 所示）。

图2

实验方法：

1. 打开罐头瓶瓶盖，把金属片浸入醋中，贺卡乐声响起。

2. 取出瓶中的金属片，拭去残留醋液，乐声停止。

3. 实验完毕拧紧瓶盖，以免醋液蒸发。

实验特色与效果：

1. 首先，简易电池与音乐贺卡的结合提高了音量与音质，动听的乐音取代了耳塞单调的杂音，增加了实验的美感。其次，把醋放在带盖儿的容器中，便于长期保存、反复使用，且使用方便。最后，这套装置也便于学生发现简易电池的不足之处，比如在贺卡发声装置上，既有发声器，又有发光器，但学生只闻其声，不见其光，说明简易电池电量微弱，此外还有容易遗撒、不便携带、容易蒸发等缺点。它使学生明白简易电池被干电池、蓄电池等新式电源取代的必然性以及科技发展给人类生产、生活所带来的巨大变化。

2. 学生会在实验中发现原来生活中的小物件也可以发挥大作用，关键是怎么用，用在哪儿。启发、引导学生关注生活，并感受改变所带来的乐趣。

9.声音在水中传播的教具创新

首都师范大学附属云岗小学　杨君

设计背景：

曾有学生对液体传声问题产生过质疑，认为水不能传播声音，声音是经浸没在水中的连接发声装置的细线传出来的（如图1所示）。可我们又不能把线剪断，因为如果没有细线的牵引发声装置将会下沉至瓶底，到那时学生又该说声音是经瓶底传出的了，那么这个问题该怎样解决呢？解决问题的关键在于如何让发声装置独立地悬浮于水中。

图1

思维轨迹：

问题1：

如果用细线牵引发声装置，那到底是水在传播声音还是细线在传播声音就说不清了，怎样才能证明水到底能不能传播声音呢？

预设：

让发声装置悬浮在水中。

问题2：

怎样才能让发声装置不借助其他物体而独立的悬浮在水中呢？

预设：

1.利用浮沉子。

2.利用磁悬浮。

制作材料：

音乐贺卡上的发声装置、气球、空笔芯、气门芯、小铁夹、棉线、铁丝饮料瓶、连块磁铁（如图 2 所示）。

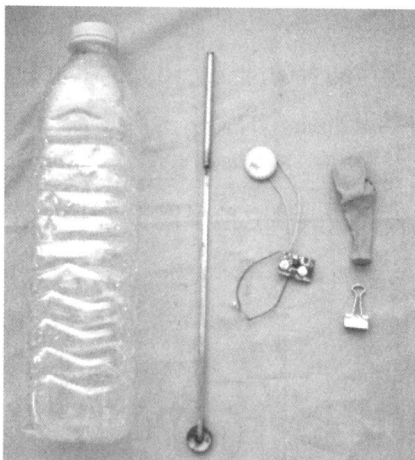

图2

制作方法：

1.把在音乐贺卡上取下的发声装置装在气球中作为声源。

2.剪段空笔芯，一端插进气球用棉线扎紧，另一端套段气门芯，用小铁夹夹紧。气门芯是气体进出气球的通道，小铁夹既可作配重，又可防止漏气或进水（如图 3 所示）。

图3

3.在铁丝一端弯个圈，圈上连块磁铁用以在打捞时吸引发声装置。

实验方法：

1.开启发声装置后重新放入水中，并拧紧瓶盖，通过按压瓶壁改变压力的方法使气球在水中处于悬浮状态。观察实验现象（如图4、图5所示）。

图4　　　　　图5

2.实验结束后拧开瓶盖，用打捞器上的磁铁吸引小铁夹把发声装置捞出。

实验特色与效果：

发声装置不依靠任何牵引而完全独立地悬浮于水中，这种证明水能传播声音的方法具有创新性，对于培养学生严谨、认真的学习态度也是有益的。

10. 氧气实验装置及实验方法的创新

首都师范大学附属云岗小学　杨君

一、关于氧气的制取、储存、供给装置的设计、制作

设计背景：

在氧气实验中需氧量比较大，试管加热法制取的氧气产量低，反复制取较为繁复，急需一种快捷、简便的方法满足对氧气的需求。

制作材料：

塑料板、塑料管、玻璃瓶、罐头瓶、橡胶管、注射器、橡胶塞、塑料管、小吸盘、高锰酸钾、打孔器。

制作方法：

氧气制取、储存、供给装置整体结构（如图1所示）。

图1

212

1. 把直径不同的三段塑料管用胶固定在同一块塑料板上，形成三个直径不同的容器

① 直径最小的容器内放置氧气制取装置（玻璃瓶等），用来制取氧气。

② 直径居中的容器内放置氧气储存装置（罐头瓶等）和清水，用以储存与输送氧气。

③ 直径最大的容器内储有大量清水，以便用排水法取氧。

2. 氧气制取装置

主体是玻璃瓶，瓶底放置高锰酸钾，瓶盖被橡胶塞所取代。用针头在橡胶塞上扎个孔，用以固定注射器并经此向瓶内注射双氧水；用打孔器在橡胶塞上钻个孔，孔内插入橡胶管，此橡胶管用以把氧气送入旁边的氧气储存装置内。

3. 氧气储存装置

主体是罐头瓶，首先在瓶底钻个孔，作为水进出瓶体的通道；在瓶盖上打两个孔，一个孔连接制氧装置上的橡胶管，用以传送氧气；另一个孔插入塑料管。塑料管另一端置于氧气供给装置中，用以向集气瓶内输送实验所需的氧气。

实验方法：

1. 实验准备

在玻璃瓶内放入适量的高锰酸钾，注射器内吸入适量的双氧水，在氧气储存和供给装置中分别倒入适量的清水。

2. 化学法制氧

把注射器内的双氧水缓缓推入玻璃瓶，使其与瓶底高锰酸钾反应产生氧气。双氧水要视反应情况逐次逐量地推入瓶内，以免造成反应过于剧烈或产生多余的氧气造成浪费。

3. 排水法储氧

氧气由制氧装置的玻璃瓶经橡胶管进入储氧装置的罐头瓶，氧气进入瓶内的同时，水经瓶底钻孔被排出，氧气储量增加的同时瓶体上浮出水，经此完成氧气的储存。

4. 排水法取氧

把集气瓶浸没于氧气供给装置内的水中，然后倒置，再把连接储氧装置（罐头瓶）的塑料管插入集气瓶。用手下压罐头瓶，则容器内的水会经瓶底钻孔进入瓶内，瓶内氧气受排挤经塑料管出瓶进入集气瓶。取氧完成后把塑料管末端安装的吸盘吸附在供氧装置底部即可（氧气供给装置内的水压可封闭塑料管管口，避免氧气外泄）；需用氧时只需提起塑料管、下压罐头瓶，则氧气会再次经塑料管进入集气瓶。

实验特色与效果：

这套制氧装置具有制氧速度快、制氧量大且可调控、储存时间长、随用随取的优点，即安全、简单、实用。

二、关于物质燃烧实验中长木条的使用

设计背景：

教材"实验一"是把烧红的长木条分别插入盛有氧气和空气的集气瓶中，并对其燃烧现象进行对比。选用长木条安全、简便，但长木条并不多见，如何利用常见的材料取而代之则更具现实意义。

思维轨迹：

问题：

长木条不多见，怎样在确保安全的前提下用短木条代替长木条完成实验呢？

预设：

1. 用夹子夹持短木条。
2. 给短木条安个把儿。

制作材料：

细铁丝、钳子、钢丝球。

制作方法：

用钳子把铁丝一端弯曲成锥形管状，另一端弯折成小挂钩。

实验方法：

1. 使用时把短木条或火柴棍儿直接插入锥形管中即可，烧短的长木条也可以插入管中继续使用（如图 2 所示）。

图2

2. 还可把钢丝球（如图 3 所示）钩挂在另一端的挂钩上，代替细铁丝作为实验材料使用。

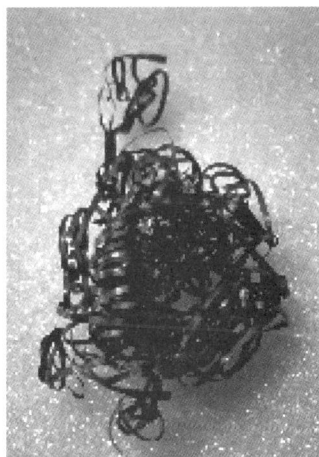

图3

实验特色与效果：

1. 铁丝做柄既安全又实用，使得实验材料不再局限于长木条，且铁丝一端呈锥形的结构设计可以插接粗细不同的木条，使得木条的可选范围更大；另一端挂钩可钩挂细铁丝，功能得到扩展。

2. 让学生通过观察了解教具的诞生过程，认识到这个过程其实就是发现问题、解决问题的过程。

三、关于物质燃烧实验中铁丝保温的策略

设计背景：

教材"实验二"是将烧红的铁丝插进氧气瓶中，观察其在氧气中的剧烈燃烧现象。此实验的操作难点在于铁丝降温快，一旦离开火源即便快速插入氧气瓶也很难燃烧。我从电热丝发热现象中得到启发，从而解决了细铁丝离开火源后的保温问题。

思维轨迹：

问题：

怎样既能控制细铁丝的温度，又能保证细铁丝在氧气瓶里燃烧时的纯度呢？

制作材料：

6 节 5 号电池、PVC 管、导线、小开关、钢丝球、热熔胶、镊子。

制作方法：

1. 截取一段 PVC 管作为电池盒，里面串联 6 节 5 号电池。

2. 把镊子从连接处断开，然后用热熔胶把分开的镊子再次粘接，胶在凝固后使分开的镊子彼此相连且绝缘。

3. 在镊子前端连接两根导线（在其中一根导线上加装一个小开关），再将导线的另外两端分别与电池盒的正负极相连（如图 4 所示）。

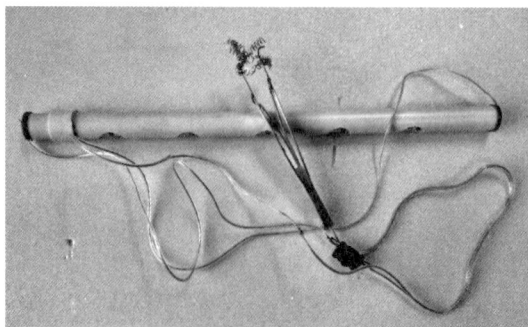

图4

实验方法：

1. 剪下一段钢丝球，缠绕在镊子前端。

2. 闭合开关，电流通过钢丝球时金属丝迅速升温变红（如图5所示），插入氧气瓶后金属丝即可剧烈燃烧。

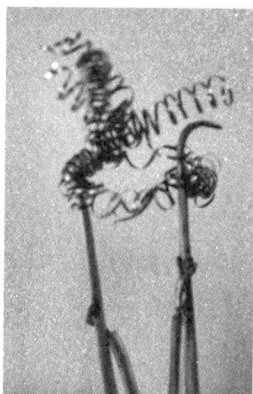

图5

3. 出现燃烧现象后断开开关。

实验特色与效果：

1. 本装置主要为解决金属丝离开火源后的保温问题。物质在氧气中燃烧实验的主要材料是火柴和细铁丝，铁丝燃烧实验操作难度很大，烧红的铁丝离火即褪色，根本来不及插入氧气瓶使之燃烧。火柴辅助保温虽可完成实验，但火柴也会消耗氧气，而且有了火柴的参与就不再是纯的铁丝在燃烧了，因此实验稍显美中不足。利用电热丝发热原理给金属丝加热、保温，放弃了借火加热的传统方式，具有操作简单、升温迅速、高温稳定的特点。操作时按下开关，细铁丝快速升温，若不断电，温度不减，如此便可从容操作，顺利完成实验任务。

2. 本教具是电热原理在氧气实验中的一次成功应用，既解决了本课的实际问题，又是知识迁移的一个范例，同时也是激励学生发扬"学以致用"精神的又一次探索尝试。

11. 探究 "'白气'是什么及其成因" 实验的创新

首都师范大学附属云岗小学 杨君

一、设计背景

我认为"'白气'是什么及其成因"是《云、雾和雨》一课探究的关键，值得研究。具体来说教材先以云、雾图片引发关注，再以实验探究"'白气'是什么及其成因"，续以实验探究雾、雨的形成，而"'白气'是什么及其成因"则是探究云、雾、雨成因的基础。学生通常会认为"白气"是"烟"，是"水蒸气"，是"哈气"等，而我们需要引导学生做出"白气"是"水"的猜想。猜想是需要验证的，可针对"白气"现象，通常我们只能推想难以验证，因为我们确实难以看清构成"白气"的"小水珠"的个体样貌。我的初衷就是要让学生亲眼看见"白气"是"无数飘浮在空气中的小水珠"这一基本事实，再通过其后的实验探究"'白气'的成因"。

1.关于"'白气'是什么"的问题

向烧杯中倒入热水后，杯内水面以上及杯口部分会出现大量的"白气"。关于"'白气'是什么"，学生虽各抒己见，但基本不会想到"白气"是水，因为生活经验影响着学生的思想，他们会凭借经验认为是水就应该下落，如下雨现象就是如此。学生很难想象水也可以以小水滴的形式飘浮在空气中。虽然"云、雾、雨"是自然界中常见的自然现象，但也因此使学生见怪不怪、习以为常。学生对这些自然现象缺乏认真的观察与必要的思考，这也正是本课的教学价值所在：在学生已有生活经验的基础上，打破学生对某些自然现象旧有的思维局限，把生活经验转化为科学概念，并经此拓展，提升学生的认知水平。以往指导学生认识"白气"的方法是先将玻璃片放在"白气"中，稍后取出，通过玻璃片上聚集的大片的水迹推想"白气"是"水"（如图1所示），但此法只是众多"白气"聚集在玻璃片上以后呈现出的一个整体性的结果而已，如果学生不能亲眼得见小水珠的本体，那么"白气"是"小水珠"的解释就始终是个推想，若不能进一步得以验证总觉得是个遗憾。

图1

2.关于"'白气'成因"的问题

探究"'白气'成因"的实验，教材选用的材料是热水与冰块儿，但对于没有冰箱的学校而言，冰块儿的制取与保存还是有一定困难的，况且冰块周围"白气"的显现效果还会受到其他因素的影响。

二、实验设计

（一）关于"'白气'是什么"的实验设计

思维轨迹：

问题：

怎样才能看清"白气"究竟是不是"小水珠"呢？

预设：

1.用放大镜放大观察。

2.用手电筒照射观察。

实验材料：

烧杯、热水、强光手电、玻璃片。

实验方法与现象：

用强光手电照射烧杯内的"白气"，逆光俯视可见无数飘浮在空气中的小水珠在不停地运动（如图2、图3所示）。

 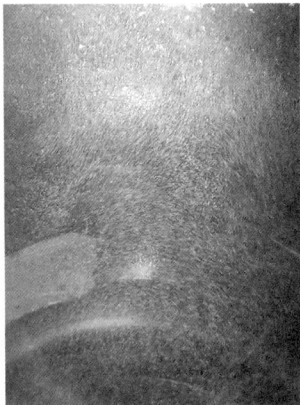

图2   图3

实验特色与效果：

强光手电与放大镜的组合使学生不仅看到了"小水珠"的形状、大小和数量，还看到了它们的运动过程，学生欣喜之情溢于言表，至此"'白气'是'小水珠'"的猜想得以验证。

补充说明：

实验前用纸巾蘸取洗涤灵擦拭杯壁与玻璃片可保持玻璃的透明状态，否则杯壁或玻璃片"起雾"会影响观察效果。

（二）关于"'白气'成因"的实验设计

思维轨迹：

问题：

有什么办法来代替冰证明"白气"的成因？

思路：

如果冰的制取与保存问题实难解决，那么设计新的实验来探究"'白气'的成因"则成为必然。如果"白气"是水蒸气受冷形成的，那么水蒸气受热就不会形成"白气",这样不仅可以验证猜想,还解决了用冰难的问题。

实验材料:

酒精灯、试管、清水、铁架台、试管夹。

实验方法与现象:

1. 给试管里的水加热,试管口会出现大量"白气"(如图 4 所示)。

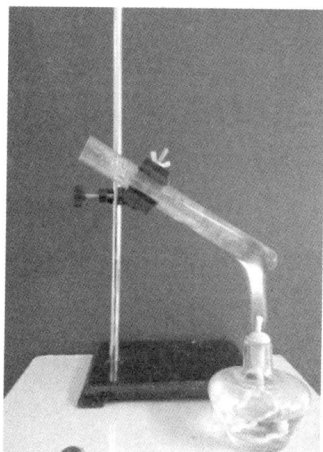

图4

2. 用酒精灯接近试管管口,"白气"现象随即消失(如图 5 所示);移开管口处的酒精灯,则"白气"重现(如图 4 所示)。

图5

221

3.重复"步骤2"的操作,实验现象对比变化明显。

实验现象及解释:

水在受热时蒸发迅速,在管内会形成大量的水蒸气,水蒸气在上升至管口位置时受冷凝结成小水珠并聚集成"白气"。用酒精灯给管口处加热,水蒸气受热继续向空气中分散;移开酒精灯,水蒸气在管口处受冷凝结成"小水珠",再次聚集成"白气"。由此可见"白气"现象随温度的冷热变化而显现或消失。

实验特色与效果:

酒精灯的运用使得试管管口处"白气"现象的变化更加快捷、明显,学生在鲜明的对比中对"'白气'成因"的理解也会更为深刻。至此"'白气'是什么及其成因"构成了一个完整的探究过程,为后续探究相关自然现象奠定了基础。

12. 固体热胀冷缩实验的创新

首都师范大学附属云岗小学　杨君

一、温控开关

设计背景：

为激发学生对"物体热胀冷缩"实验的探究兴趣，我把"温控开关"设置在电路中，实验效果良好。

思维轨迹：

问题：

怎样用金属片证明金属具有"热胀冷缩"的性质？

制作材料：

日光灯的启辉器（如图1所示）、简单电路、酒精灯。

图1

制作方法：

1. 取下启辉器外壳，然后敲碎玻璃泡，露出里面的金属片作为温控开关（如图2、图3所示）。

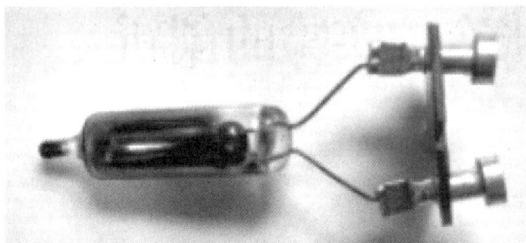 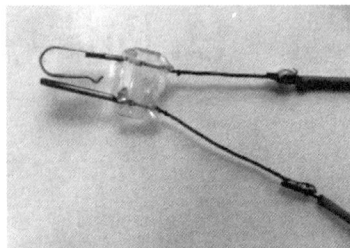

图2   图3

2.把温控开关连接在简单电路中（如图4所示）。

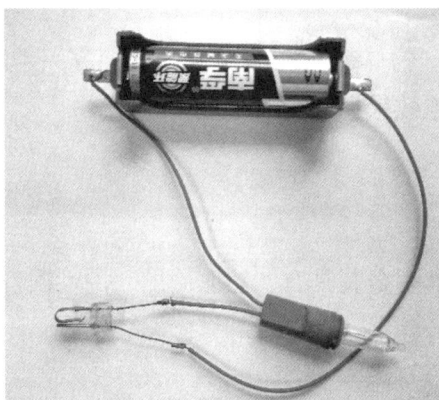

图4

实验方法：

1.用酒精灯加热开关上的金属片，金属片受热体积膨胀弯曲，间距逐渐缩小，直至相互接触，小电珠发光。

2.熄灭酒精灯停止加热，金属片逐渐冷却恢复直至分开，电路断开，小电珠熄灭。

实验特色与效果：

1.教具操作简单，实验变化清晰可见，现象有趣。

2.教具呈现的是金属热胀冷缩现象，体现的是电路与热胀冷缩知识的综合应用。

二、乒乓球的热胀冷缩

思维轨迹：

问题：

怎样证明乒乓球具有"热胀冷缩"的性质呢？

制作材料：

乒乓球、空笔芯、冷水与热水、烧杯、铁丝、热熔胶。

制作方法：

1. 在乒乓球上烫个孔，直径稍小于空笔芯的直径；把空笔芯上的笔尖拔掉，然后把笔管插进乒乓球的小孔内，插接处用热熔胶密封固定（如图5所示）。

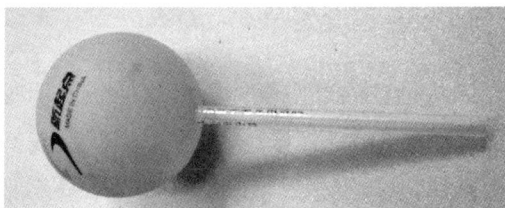

图5

2. 在细铁丝两端各弯一个圆圈，小圈作为手柄，大圈作为套环。套环的大小以刚好能使乒乓球穿过为准（如图 6 所示）。

图6

实验方法及现象：

1. 把凹瘪无缝的乒乓球浸入热水中，乒乓球遇热逐渐鼓起，直至恢复原状。

2. 把凹瘪有缝的乒乓球浸在热水中，有气泡在裂缝处冒出，未能恢复原状。

3. 手持带笔芯的乒乓球，尝试在大铁圈里穿过，乒乓球可在圈里穿进穿出。

4. 把乒乓球浸入热水中，球内空气经笔芯排出，在尝试穿过大圈时被卡住。

5. 把乒乓球浸入冷水中，稍后取出继续尝试穿圈，乒乓球又可穿进穿出了。

实验现象及解释：

1. 乒乓球恢复原状是因为球内空气受热体积膨胀时所产生的压力使凹瘪处重新鼓起。

2. 乒乓球遇热内部空气体积膨胀，但部分气体经裂缝外泄，难以聚集力量使凹瘪处鼓起。

3. 乒乓球恢复原状是其内部空气体积膨胀所致，但很少有学生想到球体自身也会膨胀。既然破损的乒乓球不能恢复原状和漏气有关，那么以空笔芯为手柄的乒乓球遇热卡在铁圈上则是塑料壳本身膨胀所致；受冷后又可以在铁圈里穿进穿出则是其自身收缩所致，仍与空气无关。

实验特色与效果：

1. 此实验取材方便，成本不高，操作简便。

2. 是在"铜球实验"基础上的拓展，实验材料由金属拓展到塑料，充实了证据、丰富了经验、拓展了思路、深化了认识。

13. 热传导实验方法的创新

首都师范大学附属云岗小学　杨君

设计背景：

为证明水是热的不良导体，有一种方法是在试管底部冻结冰块，再用酒精灯给管口处水加热，以此通过试管上、下现象的对比证明水是热的不良导体（如图1所示）。但如果制取、保存冰块有困难，就得另辟蹊径了。

图1

思维轨迹：

问题：

怎样不用冰块或小鱼来证明水是热的不良导体呢？

制作材料：

液体对流管。

制作方法：

把对流管四个角分别截断成"V"字形（如图2、图3所示）。

227

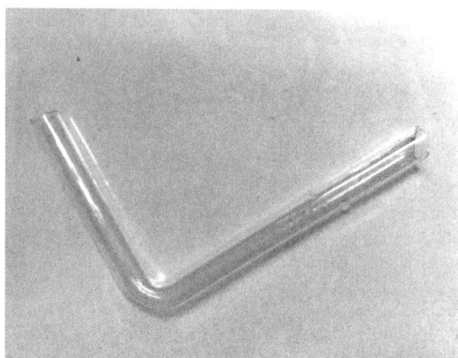

图2   图3

实验方法：

一、证明水是热的不良导体

将"V"形玻璃管固定在铁架台上，试管内注入适量清水，用酒精灯给其中一端管口液面加热，待被加热端的水沸腾时，用温度计分别测量两端管口处的水温并做数据比较（如图4所示）。

图4

实验特色与效果：

1."V"形玻璃管两端开口，分别测温，互不干扰，取值准确，较之用眼观察判断更具说服力。当被加热端水温达 100℃左右时，未被加热端的水温通常变化很小，两端几十摄氏度的温差突显实验效果。

2.此实验解决了冻冰、固冰与用鱼的问题，简单实用。

二、证明空气是热的不良导体

把"V"形玻璃管固定在铁架台上，将一支温度计插过橡胶塞，再把胶塞塞紧在其中一端的管口内（一则可以随时观测此端的气温，二则可以封堵管口，避免空气由此进入并在管内形成对流，影响管内空气的稳定性）。用酒精灯给另一端管口内的空气加热，稍后测温并与橡胶塞端未被加热的气温进行数据比较。

实验特色与效果：

1.操作简单快捷，温差数据明显。

2.教具一器两用。

14. 光沿直线传播的实验设计

首都师范大学附属云岗小学　杨君

设计背景：

"光学演示箱"用以证明光沿直线传播（如图 1 所示），但若仪器准备不足也可替代。

图1

思维轨迹：

问题：

怎样利用身边的材料观察光的传播路径呢?

一、实验一

实验材料：

玻璃瓶或塑料瓶、水、面粉、手电筒。

实验方法：

1. 向瓶内清水中撒些面粉并摇匀。

2. 用手电筒横向照射瓶内混合液，可见光沿直线传播（如图 2、图 3 所示）。

图2   图3

实验特色与效果：

　　材料寻常，操作简便，现象清晰可见且可以重复使用。

二、实验二

制作材料：

　　塑料软管、导线或铁丝、小手电筒（如图 4、图 5 所示）。

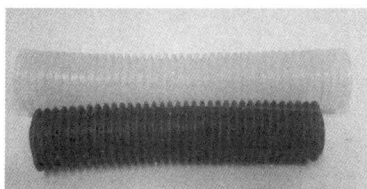 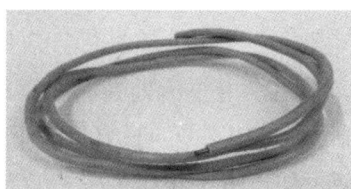

图4   图5

制作方法：

　　剪一段导线穿过塑料软管，并把两端多出的部分分别往回弯折（如图 6 所示）。

图6

231

实验方法：

1. 把小手电置于笔直的软管管口，观察光在软管内的行进路径。

2. 把小手电置于弯曲的软管管口，观察光在软管内的行进路径（如图7所示）。

图7

实验现象及解释：

光在笔直的软管内由一端射入，另一端射出；光在弯曲的软管内只行进了一段，在弯折处消失。

说明光沿直线传播。

实验特色与效果：

1. 材料生活化，简单易行且效果明显。

2. 向学生渗透生活处处有科学的思想，鼓励学生尝试利用身边的材料搞些小制作，解决一些身边的小问题。

3. 通过使用老师提供的实验材料，感受老师的方法、效果，积累经验，培养兴趣。

15. 飞机机翼和螺旋桨作用的教具改进

首都师范大学附属云岗小学　杨君

设计背景：

教材实验是用一根铁丝悬挂笔管在螺旋桨带动下向前运动（如图 1 所示）。在实验过程中会出现运动方向偏转的现象，在操作过程中会出现教具在摘取时卡线，以及皮筋在笔管内穿引不便的问题，有待改进。

实验方法：

1. 用一根铁丝做螺旋桨的轴，把轴的一端弯成钩子，在钩子上套几根橡皮筋。

2. 再将螺旋桨安装到一根空笔管的头上，把橡皮筋放到空笔管里，并把橡皮筋的一端固定在笔管的另一端。

3. 把一根长铁丝拉直并水平固定好，将上述装置挂在铁丝上，把橡皮筋绕紧，然后松开橡皮筋，观察这个装置的运动。

图1

思维轨迹：

问题 1：

怎样解决飞机在飞行时的方向偏转问题？

思路：

改变连接形式，解决飞行稳定性的问题。

把原设计中的一根铁丝连接笔管改为用两根平行等长的铁丝加以固

定，确保螺旋桨在转动时飞机飞行方向的稳定性（如图 2 所示）。

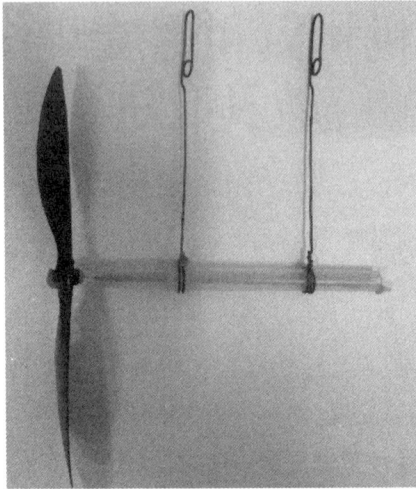

图2

问题 2：

怎样解决挂钩摘取不便的问题?

思路：

改进挂钩结构，解决挂钩摘取不便的问题。

在实际操作中发现挂钩钩挂在线上容易，但要从线上摘取下来有所不便。把挂钩末端弯折成类似曲别针的圆形（如图 3 所示），用这种结构避免摘取挂钩时的卡线或夹线现象。

图3

问题3：

怎样解决皮筋在管内牵引不便的问题？

思路：

把原来笔管内牵引皮筋的内牵引形式改为外牵引，以此来解决皮筋穿引不便的问题。

制作材料：

1根自行车车条、1个车条螺母、6根皮筋、1个螺旋桨、1段铁丝。

制作方法：

先把车条两端分别向下弯折，再在两端各弯个圈，前端横向密闭的铁圈里穿入车条螺母，用以承载螺旋桨；末端纵向开口的铁圈用以直接钩挂橡皮筋（如图4、图5所示）。

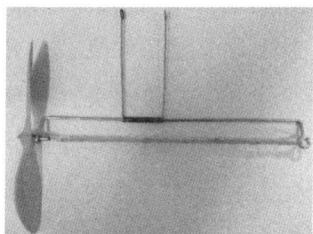

图4

图5

实验特色与效果：

通过多种结构形式的有针对性的改进，使得影响实验的问题逐一得到解决，学生在此过程中不再是被动地接受，而是通过主动地参与活跃思维、积累经验。

写在《评价部分》前面

　　评价是为了教与学的诊断，是为了教与学的改进，首要的问题就是我们到底评什么。从学科的角度看：我们要评价教师是否围绕学科核心素养、学科核心能力进行教学，是否围绕提升学生解决真实问题的能力来展开教学，甚至于打破学科壁垒进行跨学科教学；从教学的角度看：我们要评价教师是否把学科观念真正落实到课堂的具体行动中，因为我们都知道要围绕学科核心素养进行教学，那么就需要教师在课堂上展现清晰的教学流程，并通过提出具体问题、小组合作方法等可观测的行为来体现教师的思想；从学生的角度看：我们要评价教师是关注了学生还是读懂了学生，教师基本都做到了关注学生，关注学生的状态、行为、表达等，仅仅关注学生还不够，教师应深度读懂学生，知道学生思维发展的规律，理解学生表达背后的思维轨迹，知道学生怎么想以及他们为什么会这么想，以便教师有针对性地选择教学策略和行为；从评价自身的角度看：从指向知识的评价到指向素养的评价。

《爱护地球家园》教学设计

北京市丰台区长辛店第七小学　马金友

一、教学内容分析

（一）课标分析

《爱护地球家园》属于小学科学课标中地球与宇宙科学领域，课标知识结构图中涉及学习内容如下：

15. 地球是人类生存的家园。

学习内容	学习目标
	3~4 年级
15.1 地球为人类生存提供各种自然资源	·举例说出人类生活离不开淡水，树立节约用水的意识。 ·说出人类利用土壤资源进行农业生产的例子，树立保护土壤资源的意识。 ·说出人类利用矿产资源进行工业生产的例子，树立合理开采、利用矿产资源的意识
15.3 人类生存需要防御各种灾害，人类活动会影响自然环境	·了解台风、洪涝、干旱等气象灾害对人类的影响

（二）教材分析

《爱护地球家园》是首师大版《科学》第四册第二单元"共有的家园"

中的最后一个教学内容。这节课是在学生学习了《地球》《昼夜交替》《四季变化》的基础上即将学习的内容，通过本单元前 3 课的学习，学生对地球的相关知识有了一定的了解，这节课的第一部分是通过观察让学生讨论为什么人类和动植物能生活在地球上；第二部分是讨论在社会发展的过程中，人类在哪些方面破坏了自己的家园，进一步认识地球是人类唯一的家园；第三部分是讨论我们应该怎样爱护地球家园，树立环保意思，养成保护环境的好习惯。

二、学情分析

学生知道了地球的结构，知道地球自转有了太阳东升西落，昼夜交替；公转有了春、夏、秋、冬四季之分；不同季节有不同的景色，人们的衣、食、住、行都随季节的不同而与之相适应。

四年级学生喜欢科学，爱动脑、爱动手，对上网收集资料感兴趣。学生对周围世界有着强烈的好奇心和探究欲望，但是他们自主获取知识的能力不强，科学探究能力、收集整理信息的能力有待提高。用科学语言解释和说明自然现象的能力较弱。与他人合作，讨论交流，以及语言表达的能力有待提升。

三、学科核心素养

小学科学学科核心素养中关于"科学观念"要点的内涵描述为：从科学视角形成的关于物质、运动与相互作用、能量、生命、地球等的基本认识；是科学概念和规律等在头脑中的提炼和升华；是从科学视角解释自然现象和解决实际问题的基础。

本课教学中针对"近百年来全球平均气温已上升了 0.6~0.9℃，当今全球气候具有变暖的趋势"一则报道引导学生提出质疑，并寻找证据，对资料进行深入分析整理，从中寻找能够支撑假设的依据，建立依据与假设之间的关联，对假设加以论证。

四、教学目标及重、难点

（一）教学目标

1. 科学概念

知道地球是人类赖以生存的共同家园。

2. 科学探究

敢于提出质疑，并依据问题寻找证据。

培养学生搜集、整理信息的能力，学会用科学的语言表达自己的观点。

3. 科学态度

能接纳他人观点，完善自己的探究；乐于为完成探究活动，分享彼此的想法，贡献自己的力量。

4. 科学、技术、社会与环境

初步了解人类活动对自然环境的影响，热爱自然，真爱生命，具有保护环境的意识和社会责任感。

（二）教学重点

了解地球环境的现状，增强学生的环境保护意识。

了解环境保护在人类社会发展中所起的重大作用，增强环境保护的自觉性，培养热爱大自然的感情。

（三）教学难点

培养学生搜集、整理信息的能力，学会用科学的语言表达自己的观点。

五、教学准备

幻灯片课件，有关全球变暖对环境变化的影响和对动植物影响的资料。

六、教学过程

（一）焦点新闻导入，关注地球家园环境变化

1.谈话

有消息报道"近百年来全球平均气温已上升了 0.6~0.9℃，当今全球气候具有变暖的趋势"。你对此有什么问题呢？

预设：（1）全球是不是变暖了呢？

（2）只有 0.9℃会有什么危害？

（3）全球变暖对环境有什么变化？

（4）对人有什么影响？

（5）对动植物有什么影响？

......

2.教师提问

首先，我们先来解决第一个问题，全球是不是变暖了呢？

预设：我感觉这些年的夏天一年比一年热，我认为全球是变暖了。

听我的爷爷奶奶说这些年的冬天也不像以前的冬天那么冷了。

3.教师提问

这是一张 1950—2020 年全球年平均气温的变化趋势图，观察横纵坐标，你有什么发现？各小组同学讨论。（出示图1）

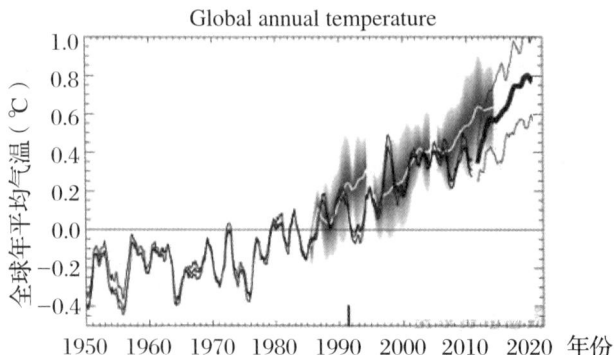

图1 1950—2020年全球年平均气温变化趋势

预设：从 1990 年年平均气温在 0℃以上，而且每年逐步升高，全球气温逐渐变暖。

【设计意图】学生通过自己感受和访谈，体会到夏天气温一年比一年高，冬天也不是像以往那么冷了。通过观察全球平均气温的变化趋势图，证实了自己的判断，知道全球变暖不是一朝一夕的事，总体变化呈现阶段性向上发展的趋势。

（二）自主深入探究，收集全球变暖资料

1. 谈话

全球的气温变化已经是逐年变暖趋势，接下来我们继续研究你们提出的其他问题，通过什么方法能找到答案呢？

预设：网络搜集、查阅收集资料、调查访问、讨论交流。

2. 以4人为一个小组，用电脑收集资料，填写记录单

全球变暖带来环境变化	全球变暖对人类的影响	全球变暖对动植物的影响

学生自主活动，教师巡视，参与各组的查找资料活动，给予一定的指导。

（三）汇报研究问题，练习交流表达

1. 讨论问题一：全球变暖带来环境变化

教师提问：全球变暖带来哪些环境变化呢？

预设 1：学生结合收集的资料介绍白令海峡冰量减少。

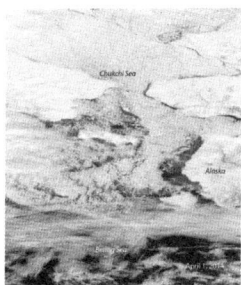

图2　白令海峡2014年正常冰量图　　图3　白令海峡2019年同期的冰量图

241

（出示图2、图3，从两张卫星图片可以看出，美俄交界处的白令海峡似乎变得不同以往。目前，白令海峡的冰盖应该正处于全年冰量的顶峰时期，但2019年白令海峡和美国阿拉斯加育空三角洲国家野生动物保护区之间的冰量与往年同期相比大幅减少，甚至消失，充其量仅为正常时期的10%左右。）

【设计意图】两张卫星云图，同一个地点，时隔5年，差别显著，通过对比让学生体会全球变暖带来的变化超出人类的想象。

预设2：学生结合收集的资料介绍格陵兰岛冰盖融化加快。

（出示图4，格陵兰岛面积为217.5万平方千米，是世界第一大岛，全岛约4/5的地区在北极圈内，格陵兰岛全年的气温在0℃以下，有的地方最冷可达到零下70℃！格陵兰岛5/6的土地为冰所覆盖，中部最厚达3.411米，平均厚度接近1.500米，为仅次于南极洲的现代巨大大陆冰川。）

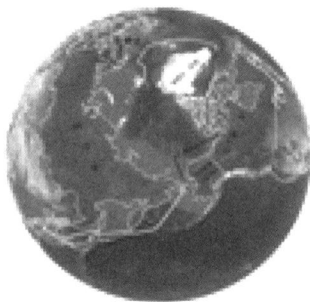

图4 格陵兰岛冰盖图   图5 格陵兰岛冰盖融化图

（出示图5，全球变暖正在以"前所未有的速度"融化格陵兰岛的冰。美国罗文大学的卢克·特鲁塞尔博士说："格陵兰岛冰盖的融化已经进入了超速。"这将威胁到伦敦和威尼斯等城市，以及马尔代夫等国家。几十年内，马尔代夫可能会被不断上升的海平面吞没。）

预设3：学生介绍马尔代夫会沉没海底的资料。

（出示图6、图7，马尔代夫是位于南亚印度洋上的一个岛国，是亚洲最小的国家，在全国9万平方千米的面积中，99.7%都是海洋，即使是仅有的300平方千米陆地，也在地质运动中被零敲细凿成1 190座小岛，星星点点地抛撒在海面上，其中最大的岛不过3平方千米，最小的岛只有一堆礁石，随时可能会被一股巨浪吞入腹中。据科学家的预言，随着全球气候不断变暖、海平面持续上升，这个美丽的岛国最快在50年后就会葬身海底。）

图6　马尔代夫美景图　　　　　图7　马尔代夫美景图

小结：全球变暖使地球的环境发生变化，冰川融化、海水上涨、部分陆地岛屿淹没，地球表面的海陆分布将不再是现在的样子。

2.讨论问题二：全球变暖对人类的影响

（1）**教师提问：**全球变暖对人类和动植物有什么影响？

预设：学生介绍来自日本的三则新闻报道。

（报道1：2019年7月，日本各地接连记录气温超过35℃的"猛暑日"，全国持续酷暑天气。截至7月5日下午1点30分，日本全国最高气温超过35℃的地方达158处，超过37℃的地方达13处。截至6日，北海道札幌连续9天气温在30℃以上。这是自1951年以来，时隔68年当地首次持续这么长时间的高温。报道2：海外网8月6日电，日本近期持续高温天气。日本总务省消防厅6日表示，7月29日至8月4日一周内，因中暑而住院的人数高达18 347人，57人因中暑死亡。报道3：据日本时事通信社8月6日报道，近一周内，日本有近20 000人因中暑住院，比上一周的5 664人又增加了3.2倍左右。近一周的中暑住院人数和死亡人数都达到这一季度的最高纪录。）

（2）**教师提问：**2019年6、7月，世界其他地方怎么样呢，请同学们看看下面的资料。

出示幻灯片：发行于2019年8月12日的《中国新闻周刊》显示，今年6、7月，欧洲饱受极度高温之苦，德国、法国、荷兰等地最高气温都超过 40℃，巴黎甚至飙出 72 年以来最高的 42.6℃。法国卫生部长布辛警示，这波热浪将影响约 2 000 万人，"在这种气温下，没有人处于零风险"。新闻中的最后一句话你怎么理解？人体体温 37℃，气温 42.6℃，你会是什么感觉？

【设计意图】学生对数字的理解是模糊的，和人体的体温进行比较后，学生知道气温超过人体的体温，对人体的伤害是非常大，可能会造成晕厥、休克或者死亡。

（3）**教师提问：**北京夏季气温高，今年和以往比有没有变化呢？对比这两张表格你有什么发现？计算一下 2011 年和 2019 年 7 月 20—31 日期间 12 天的平均最高气温，验证一下你的想法。（如图 8 所示）

出示气温记录：

2011年7月20—31日北京天气预报情况

日期	气温
7 月 20 日	29℃ / 21℃
7 月 21 日	29℃ / 22℃
7 月 22 日	32℃ / 24℃
7 月 23 日	34℃ / 26℃
7 月 24 日	31℃ / 22℃
7 月 25 日	30℃ / 22℃
7 月 26 日	35℃ / 25℃
7 月 27 日	33℃ / 25℃
7 月 28 日	32℃ / 26℃
7 月 29 日	30℃ / 23℃
7 月 30 日	33℃ / 22℃
7 月 31 日	35℃ / 24℃

2019年7月20—31日北京天气预报情况

日期	气温
7 月 20 日	31℃ / 24℃
7 月 21 日	36℃ / 27℃
7 月 22 日	35℃ / 25℃
7 月 23 日	35℃ / 25℃
7 月 24 日	36℃ / 27℃
7 月 25 日	36℃ / 26℃
7 月 26 日	36℃ / 26℃
7 月 27 日	36℃ / 27℃
7 月 28 日	35℃ / 26℃
7 月 29 日	29℃ / 23℃
7 月 30 日	34℃ / 24℃
7 月 31 日	35℃ / 24℃

图8　2011年、2019年同期气温对比图

预设: 2011 年 7 月 20—31 日平均最高气温 31.9℃，2019 年 7 月 20—31 日平均最高气温 34.5℃，平均最高气温相差 34.5℃ −31.9℃ =2.6℃，北京 2019 年比 2011 年同期平均最高气温高 2.6℃。

（4）**讨论**：我们生活在北京的人，会受到什么影响呢？回忆一下 2019 年 7 月 20—31 日给你留下了怎样的印象？通过对比和你自身的感受，你得出了怎样的结论？

预设：① 2019 年 7 月 20—31 日有 5 天气温 36℃，4 天 35℃，和 2011 年同期相比，很明显 2019 年 7 月 20—31 日高温天数多。② 2011 年 7 月 20—31 日只有两天温度是 35℃，从夜间温度看还是比较凉爽的。③ 2019 年 7 月 20—31 日期间白天温度高，湿度大，感觉闷热难忍。

【**设计意图**】通过计算、分析、比较，让学生知道，2019 年 7 月 20—31 日的气温较高，人体的舒适度在降低，感觉酷热难耐。切身体会到全球变暖对人类生活的影响。

（5）**教师总结**：其实不光是北京人饱受高温之苦，印度、巴基斯坦、非洲各地都出现了极端天气。全球变暖已经成为一个摆在世界各国人们面前的很严峻的问题。

3.讨论问题三：全球变暖对动植物的影响

教师提问：全球变暖对动植物有什么影响？

预设 1：全球变暖让北极冰盖融化，北极熊在冰块之间来回穿梭，食物短缺，生活进入困境，让人忧虑。北极熊的数目正在下降。在美国阿拉斯加北部海岸，动物学家短短 1 个月内发现了 4 具北极熊尸体。经过详细考证和研究，他们震惊地发现：这些北极熊很可能是因为觅食而长途跋涉被淹死在途中的。原来，随着全球平均气温的升高，北极周围冰层融化速度加快，北极熊的地盘不断受到"蚕食"，找寻食物也越来越困难。很多时候，为了觅食，它们不得不在海里游上大约 100 千米。虽说北极熊也算游泳能手，但它们其实擅长在靠近海岸的地方游。而且，漫长的海上寻食路导致它们精疲力竭、体温降低、抵抗力减弱，如果碰到海里的大风浪，就很容易被淹死在海里。（出示图 9、图 10）

图9　北极熊在浮冰上穿梭

图10　可怜无助的北极熊

预设 2：全球变暖使得植物开花期提前，展叶期提前，落叶期推迟，生长季节延长。

预设 3：白鹤是一种极度濒危的迁徙性湿地鸟类，它有着季节性迁徙的习性，每年在俄罗斯北极地区和西伯利亚繁殖，在中国的长江中下游越冬，但随着全球气候不断变暖，白鹤栖息的北极圈内苔原面积预计会减少大约 70%。

预设 4：有一种候鸟，每年从澳大利亚飞到我国东北地区过夏天，由于全球气候变暖使我国东北地区气温升高，夏天延长，这种鸟离开东北地区的时间相应变长，再次回到东北地区的时间也相应延后。结果导致这种候鸟所吃的一种害虫泛滥成灾，毁坏了大片森林。

教师总结：全球变暖使得动植物数量减少，食物链遭到破坏，有些动植物可能会灭绝。

保护地球家园刻不容缓

1. **教师提问**：2019 年全球气温上升 0.9 ℃，对地球环境、人类、动物、植物就有这么大的影响，如果全球气温继续这样上升下去会怎么样？我们该怎么做呢？

2. **教师讲解**：2015 年，全球 200 多个国家和地区的领导人齐聚一堂，共同签署了应对全球气候的《巴黎协定》，宣布将在 21 世纪末之前把全球平均气温的上升幅度控制在 2 ℃范围内。2 ℃目标的制定并非空穴来风，科学家曾做过研究论证，认为地球升温幅度一旦突破这个临界点，全球天气将发生不可预测的极端变化，海平面大幅上升导致沿海城市一片汪洋；席卷全球的热浪致使数万人死亡；干旱、野火、飓风和洪水交替来袭……

3. **教师提问**：时间正在一点一滴流逝，留给人类的时间已经不多了！（出示幻灯片）读读这些数字，你有哪些想法？

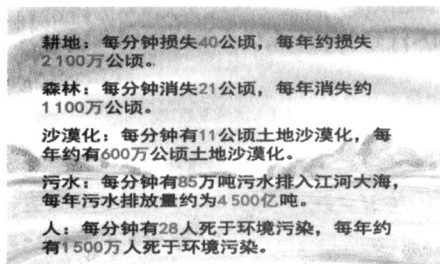

指名朗读幻灯片上的内容。

4. **教师讲解**：耕地、森林在减少，沙漠化、污水在增加，由于环境污染，每年有上千万人失去生命，人类的浩劫为时不远。我们能不能去其他的星球生活呢？答案是否定的，因为地球周围40万亿千米范围内没有第二个适合人类居住的星球。

5. **教师提问**：地球为人类的生存提供了怎样的条件？

预设：水、空气、阳光、温度、动物、植物……水能饮用、做饭、洗衣服、浇花、灌溉农作物；空气中含有氧气；阳光普照，让植物生长；有适宜的温度人类才能生存；植物能吸收二氧化碳，释放出氧气。地球为人类提供土地资源、矿产资源……人类才能生存和发展。

6. **教师追问**：这些条件之间是孤立的还是有联系的？以怎样的形式相互关联？

预设：相互依存，构成一个整体，形成一个生物圈。

7. **教师总结**：同学们说的都是我们生态系统中的一个环节。各个环节相互交织，联系紧密，我们人类生存在一个庞大的生态系统中。

【设计意图】学生认识一个事物，有时候就像盲人摸象，只感觉到某一部分，那是片面的认识。只有整体认识事物的全貌，才能对事物有一个系统深刻的了解，形成正确的世界观。

8. **教师提问**：看到这让人揪心的数字、一幅幅让人难忘的图片，你有什么想说的话呢？

预设：保护地球家园，我们别无选择；从我做起，从身边的小事做起，节约每一滴水，节约每一度电；保护环境，落实在每天的行动上……

9. 教师小结：地球资源是有限的，我们只有一个地球，它是人类和各种动植物共同的家园，保护好这个家园，人类才能生存、发展。这是我们每个人的责任，也是大家应尽的义务。

【设计意图】为学生提供表达机会，学会用科学语言表达自己的想法，提高学生的语言交流能力。

七、学习效果评价及评价方式

【教学评价】

1. 随堂评价

在课堂上注意观察学生的表现，在教学过程中适时地进行评价。通过课堂提问、学生回答问题的情况，了解学生的思维发展水平和概念发展情况，教师应注意及时反馈与评价。

2. 评析学生的记录

学生的实验记录单能真实地反映出学生主动参与探究的情况，教师可以借此掌握学生的实验观察情况，了解学生的技能发展水平。

项目	评价等级及标准			评价方式		
	A	B	C	个人	同学	教师
参与程度	积极举手发言，积极参与讨论与交流	至少一半的学生参与小组活动，为小组活动献计献策	少有举手发言，较少参与讨论与交流			

项目	评价等级及标准			评价方式		
	A	B	C	个人	同学	教师
合作情况	小组成员显示出了极好的倾听能力和领导能力，小组成员通过讨论的方式共享他人的观点和想法	小组成员显示出了一定的交互能力；他们能认真地倾听他人的观点，显示出了一定的讨论和选择能力	参与了讨论、工作，并对最终成果进行了评价，对评价过程只是旁观			
创新情况	有创新意识，成果有前瞻性、独特性、价值性	有创新意识，成果有独特性	学习中能开始培养创新意识			
学习态度	能刻苦钻研，积极主动交流、思考回答问题，努力争取最出色地完成任务	能认真听讲，参与交流，努力完成自己的任务	能认真听讲，在同伴帮助下完成任务			
自主探究	有强烈的求知欲，不断提出许多与任务相关的问题，并努力寻找答案。能在遇到问题时独立寻找解决办法，不放弃	能够提出与主题相关问题，希望找到答案。能在遇到问题时自己进行探究或与同伴讨论寻求解决途径	能提出问题，但有时偏离主题或不做进一步的思考。能对遇到的问题进行一些探究，但缺乏毅力，喜欢依赖同伴			

249

【设计意图】将自我评价与他人评价相结合，细化自评、互评中的评价内容与标准，设计合理的自评、互评评价表，关注学生在探究活动中的表现，提升学生的认同度与参与感，提高学生的沟通能力。

后测：

1. 臭氧是一种天蓝色、有臭味的气体，在大气圈平流层中的臭氧层可以吸收和滤掉太阳光中大量的（　　　），有效保护地球生物的生存。

　　A. 紫外线　　　　　B. 红外线　　　　　C. 可见光　　　　　D. 热量

2. 下列不属于保护水资源的有效措施是（　　　）

　　A. 节约和合理用水　　　　　　　　B. 防止和治理水的污染

　　C. 砍伐树木　　　　　　　　　　　D. 海水淡化

3. 下列现象中不是由全球气候变暖引起的是（　　　）

　　A. 海平面上升　　　　　　　　　　B. 植物生长季节延长

　　C. 北极冰盖融化　　　　　　　　　D. 降水量增多

4. 马尔代夫是位于南亚印度洋上的一个岛国，是亚洲最小的国家，在全国9万平方千米的面积中，99.7%都是海洋，即使是仅有的300平方千米陆地，也在地质运动中被零敲细凿成1 190座小岛，星星点点地抛撒在海面上，其中最大的岛不过3平方千米，最小的岛只有一堆礁石，随时可能会被一股巨浪吞入腹中。据科学家的预言，随着全球气候不断变暖、海平面持续上升，这个美丽的岛国最快在50年后就会葬身海底。

【设计意图】检查学生对地球知识和环保话题等相关内容的掌握情况，对学生学习效果进行评价。结合科学课程学科特点，注重考察学生的理解应用。

八、教学反思

1. 在充分的探究活动中形成正确的科学态度

"科学学习要以探究为核心"，是科学课程的基本理念之一。探究强调动手做，但更强调动脑想。毕竟真正的学习并非发生在学生的手上，而是发生在他们的头脑中。本课以焦点问题"2019年全球平均气温升高0.9℃"

为出发点，以学生提出的相关问题为导向，在任务驱动下让学生查找资料，整理信息；在思维活动中取舍材料。让学生在合作的过程中，体验探究学习科学的乐趣，提高科学探究的能力，形成尊重事实、善于质疑、勇于探究的科学态度。

2.关注与利用学生的前认知，建立脚手架，突破教学重难点

教学活动必须以学生已有的知识和经验为基础，才能最大程度激发学生参与活动的兴趣。所以在实施本课教学之前，教师十分重视学生前认知和能力的了解。在课堂上利用学生已有的知识经验——对地球的了解，分析解释全球变暖给环境带来的变化，对人类的影响，对动植物的影响。学生主动探究，寻求答案。围绕重点问题查阅资料，提高了收集整理信息的能力，在合作中学会交流，在汇报中提高语言表达能力。

3.在教学中渗透社会主义核心价值观

课堂上，学生成了真正的主体，在小组合作交流中学习了知识，增长了能力。汇报交流中学生娓娓道来，了解了全球变暖对环境气候的改变，高温对人类的伤害、对动植物生长的影响很大。学生明白了保护我们唯一生存的家园已经刻不容缓，从我做起，从现在做起，从身边的小事做起，担当一份责任，增强了保护环境的使命感和责任感。

《制作"鸡蛋撞地球"装置》教学设计

北京市丰台区东铁匠营第二小学　孙倩

一、教学内容分析

（一）课标分析

本课属于《小学科学课标》中技术与工程领域。所涉及的学习内容如下：

（18. 工程技术的关键是设计，工程是运用科学和技术进行设计、解决实际问题和制造产品的活动。）

学习内容	学习目标
	5～6年级
18.2 工程的核心是设计	·利用摄影、录像、文字与图案、绘图或实物，表达自己的创意与构想。 ·将自己简单的创意转化为模型或实物。 ·根据现实的需要设计简单器具、生产物品或完成任务
18.3 工程设计需要考虑可利用的条件和制约因素，并不断改进和完善	·根据设计意图，分析可利用的资源。 ·简单评估完成一个产品或系统的可行性，预想使用效果

（二）教材分析

《制作"鸡蛋撞地球"装置》是首师大版《科学》第八册"飞行与空间技术"单元中《降落伞》一课的拓展，是技术与工程领域的课程，本课属于技术与工程课程的应用课。教师围绕技术的本质特征展开教学活动，通过"鸡蛋撞地球"装置的设计和制作，让学生体验产品的结构和功能。这节科学课是有"技术味"的课。

学生通过《降落伞》一课知道了降落伞的组成、用途和原理。在此基础上，本课结合区科技节竞赛项目"鸡蛋撞地球"活动，引导学生将降落伞原理、减震原理等多方面知识应用到鸡蛋保护装置的设计中。在活动中深入理解这两项原理在实际生活中的应用，并在设计、交流、修改、完善的过程中培养学生分析、比较、综合等思维能力和质疑与创新的能力。

二、学情分析

（一）知识方面

通过前面课程的学习，六年级学生已经知道了降落伞原理；知道影响降落伞降落速度的因素；知道减震原理，认识一些减震材料。但学生缺乏将已经学习的科学知识综合应用并创造性地解决技术问题的能力，还需要给学生提供主动探究的时间、空间，让他们自己去尝试，通过个人经验去学习。

（二）能力方面

通过中低年级的学习，学生已经知道工程设计的基本步骤，即明确问题、确定方案、设计制作、改进完善等几方面。但学生根据设计意图，分析自己周围的可用资源，将自己的创意转化为实物的能力还需培养。学生能够在观察和提问的基础上，对他人的想法、草图提出自己的意见和建议并说明理由，但学生的批判性思维还需进一步培养。

三、学科核心素养

科学学科核心素养中关于质疑创新的描述为：重点是具有批判性思维的意识，能基于证据大胆质疑，能从不同角度思考问题，追求创新。

本课指导学生在设计、制作鸡蛋的保护装置过程中，面对设计要求，寻找解决方法，提出尽可能多的设想；学生通过方案构思、筛选，不断改进"鸡蛋撞地球"装置；师生、生生之间不断交流，逐步完善设计装置，完成"鸡蛋撞地球"任务。本课以此培养学生质疑和创新能力。

四、教学目标及重、难点

（一）教学目标

1.科学概念

"鸡蛋撞地球"装置由减震和减速两部分组成。

2.科学探究

通过设计、制作"鸡蛋撞地球"装置，培养学生具有批判性思维的意识和质疑创新的能力。

3.科学态度

学会与他人交流、分享与合作。

乐于倾听，能够批判性地接受他人的观点，反思、完善自己的设计。

4.科学、技术、社会与环境

认识到降落伞、减震装置在生活中的应用。

（二）教学重点、难点

通过设计、制作"鸡蛋撞地球"装置，培养学生具有批判性思维的意识和质疑创新的能力。

五、教学准备

教师用课件，学生用设计记录单，视频，制作材料(纸盒、鸡蛋、无纺布、泡泡纸、一次性筷子、海绵、塑料泡沫板、棉绳、一次性桌布、胶带等)，制作工具(剪子、刀子)。

六、教学过程

（一）明确问题，提出任务

1. 谈话

区里开展"鸡蛋撞地球"的科技竞赛活动，学校打算选拔优胜的同学参加这个项目，大家愿意参与吗？这是一项什么比赛呢？让我们看看视频了解一下。

2. 播放视频，学生了解比赛情况

3. 谈话

生鸡蛋从 12 米的高空落在水泥地面上一定会粉碎，要想让鸡蛋完好无损，就需要制作一个保护鸡蛋的装置，这节课我们要选出最好的设计参加区里比赛。

【设计意图】学生通过观看视频资料初步了解"鸡蛋撞地球"竞赛的比赛内容，明确任务目标，激发学生参与的兴趣和动手制作的欲望。

（二）制定方案

1. 了解制作要求

（1）教师提问：在"鸡蛋撞地球"的比赛规则中有这样一段话，请你读一读，有哪些要点需要注意？

"鸡蛋撞地球"比赛规则：生鸡蛋从 12 米的高空落在水泥地面上。鸡蛋包裹物体积不超过 15 厘米 ×15 厘米 ×15 厘米，质量不超过 500 克（含鸡蛋重量），另外不能用胶带直接对鸡蛋进行粘贴、包裹。

（2）学生提炼总结

预设：①高度。②体积。③质量。④环境：地面为水泥地。

2. 分析应用原理及材料

（1）教师提问：根据同学们总结的注意要点，设计这个"鸡蛋撞地球"装置需要考虑哪些因素？利用什么原理？

预设 1：要想让鸡蛋不碎，包裹物就要厚一些，这是利用了减震的原理。

255

预设 2：因为体积、质量不能超标，所以下降速度就要尽可能地缓慢，因此可以加上降落伞，这是利用降落伞减速的原理。

（2）**教师提问**：同学们，之前通过实验学习了降落伞减速原理，你们还记得降落伞的下降速度与哪些因素有关吗？我们要制作什么样的降落伞能够确保鸡蛋降落速度缓慢？

预设 1：降落伞的下降速度与伞衣的面积、伞衣的材质、伞绳的数量、伞绳的长度、悬挂物的质量有关。

预设 2：为了使鸡蛋落地不碎，需要考虑速度因素，利用降落伞伞衣面积与降落伞下降速度有关的原理，伞衣面积越大，伞绳越长，悬挂物的质量越轻，降落伞的下降速度越慢。

（3）**教师提问**：要想实现这些要求，应用降落伞减速原理和包裹物减震原理，以保护鸡蛋不碎。需要选用哪些材料？为什么？

预设 1：降落伞伞衣材质可用无纺布、塑料布等密实度高的材料，伞绳可用棉绳、尼龙绳等。

预设 2：鸡蛋外要有包裹物，可使用泡沫、海绵、纸壳等材料进行减震。

【**设计意图**】通过分析比赛规则进一步明确任务目标，引导学生结合已有的科学经验思考设计方案的应用原理。这一环节唤醒学生已有的知识、经验，梳理的经过让学生明确原理，同时还让学生重视对知识的应用。

3.构思方案，绘制设计草图

（1）**谈话**：各小组经过讨论，统一意见后把设计方案画成设计图。图上要标出使用的材料，写出装置的尺寸和总质量。

（2）**介绍材料**：这是老师提供的材料（出示材料），表中是每种材料的数据，同学们在设计时要把总质量和装置的长、宽、高计算出来，注意不能超重、超长。比赛规则要求鸡蛋包裹物体积不超过 15 厘米 × 15 厘米 × 15 厘米，总质量不超过 500 克（含鸡蛋）。

常用材料数据

材料	质量（约）/ 克	尺寸 / 厘米
鸡蛋	50	长 6　宽 4　高 4

材料	质量（约）/克	尺寸/厘米
一次性筷子	6	长19
鸡蛋包装盒	4	长5　宽5　高5
长方体纸盒	42	长13　宽9　高7
正方形泡泡纸	4	长25　宽25
吸管	0.4	长20
正方形硬塑料泡沫板	3	长15　宽15　高1

【设计意图】通过为学生提供制作材料及材料的长度、质量数据，帮助学生设计更加准确，更符合科技比赛要求的装置。此外，学生既要考虑原理的应用，又要考虑材料的使用，还要考虑尺寸和质量；既要符合比赛的规格要求，又要达到鸡蛋不碎的功能。学生综合所学知识，把科学、技术、数学综合起来，培养学生在实践中解决较为复杂问题的能力。

（3）学生小组展开设计活动。

学生展开讨论，画图呈现小组方案。

4. 汇报交流，方案筛选

（1）**教师提问**：哪个小组先来展示？请重点说说你们是怎样设计的，使用哪些材料，来实现减速和减震以保证鸡蛋不碎的，最后介绍装置的尺寸和总质量。（请同学边展示设计图边介绍）

预设1：我们组的装置是使用降落伞加三角形支架的方式设计的。为了实现减速和减震效果，用一次性桌布做直径为40厘米的降落伞，用长为12厘米的6根木筷子围成三角支架，把鸡蛋用泡泡纸包裹起来，套在丝袜里固定在三角支架上。总质量大约100克。（图1）

"鸡蛋撞地球"装置设计图

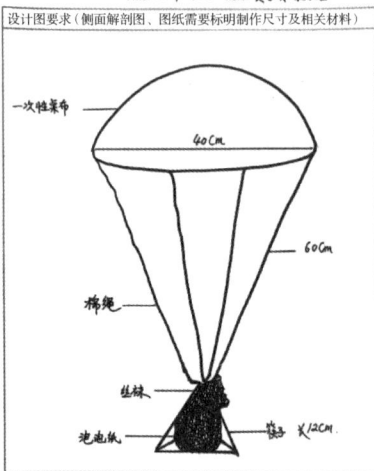

图1　第一小组设计图

预设 2：我们组的装置是使用两个叠摞起来的降落伞加包裹物的方法设计的。为了实现减速，用无纺布分别制作直径为 30 厘米和 20 厘米的两个降落伞叠摞起来。为了实现减震，把鸡蛋用泡泡纸固定在长为 13 厘米、宽和高为 7 厘米的纸盒中，纸盒的剩余空间填充废报纸和充气后的气球。纸盒外面再用泡泡纸包裹起来，下面用长 5 厘米的 4 根筷子与边长 8 厘米的正方形泡沫板做个支架与纸盒连接起来。总质量大约 200 克。（图 2）

"鸡蛋撞地球"装置设计图

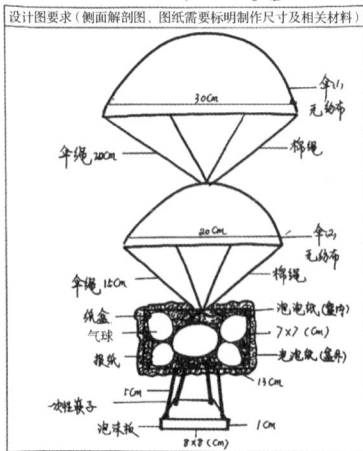

图2　第二小组设计图

预设3：……（图3）

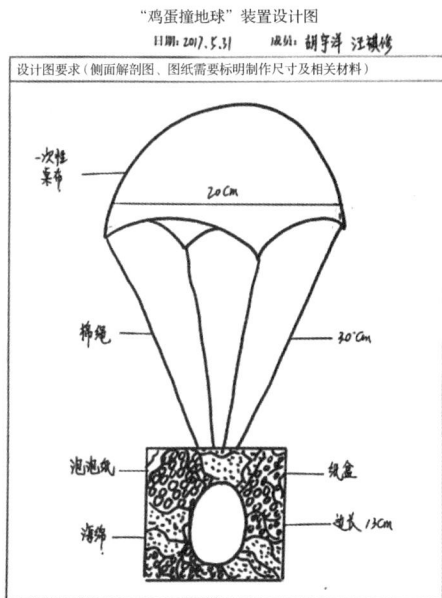

图3　第三小组设计图

（2）①**教师提问**：请你们看一看这些设计图为了实现减速，都采用了降落伞减速原理的方式设计，但是在细节上还是有差异的，到底哪一种设计更好，大家有没有什么更好的建议呢？

预设：

学生1：把两个降落伞叠摞在一起，这个设计很新颖。但是这样设计两个伞可能没有双重减速效果。把第一个大伞缝在第二个小伞上，大伞打开后，小伞可能起不到减速效果。我认为两个伞叠摞在一起不如设计一个面积大一点的伞衣更有效果。

学生2：我提个建议，你们可以把降落伞从上下设计改为平行设计。

学生3：我感觉平行放置两个伞会有空隙或容易出现伞打不开的情况，导致减速效果不明显。

策略：

教师讲述：这个小组的设计比较新颖，有一定的创新。同学们刚才提了一些建议，你们经过思考后可以当作备选方案，具体采取哪一种设计，你们可以把模型做出来测试下效果再决定。

259

②**教师提问**：每个小组设计图中的鸡蛋都有包裹物，材料虽然都差不多，但是包裹顺序是有细微差异的。哪一种设计更好，你们是怎么考虑的？

预设：

学生 1：纸盒中直接用海绵、泡泡纸填充空间，这种硬包软的包裹形式最常见，能很好地保护下降中的鸡蛋不碎。但是如果下降高度再提升，可能因为填充厚度不够，鸡蛋也会破碎。为了保证万无一失，我觉得可以把填充物全部换成海绵，加大弹性，能更好地保护鸡蛋不碎。

学生 2：我喜欢用泡泡纸包裹鸡蛋，再用丝袜把鸡蛋吊在三角支架上的这个设计。鸡蛋在落地的瞬间不仅有泡泡纸包裹，减震过程中还受到了三角形支架的保护，制作起来比较简单。

学生 3：用泡泡纸把鸡蛋固定在纸盒中，剩余空间再用报纸和气球填充，最后纸盒外再包裹泡泡纸，这种软硬软的包裹方式，对鸡蛋起到了最大限度地保护，这种减震设计应该不会撞碎鸡蛋。

策略：

教师讲述：我把大家设计的包裹方式分为三种，硬包软的包裹方式、三角形支架加包裹方式、软硬软的包裹方式。不管哪种包裹方式，大家在设计时都认真思考了鸡蛋落地时的减震效果，具体哪个方案更有效，还是这些方法都可行，还得需要我们进行实际测试，用事实说话。

……

【设计意图】学生展示交流"鸡蛋撞地球"装置的设计图，对自己或他人设计的草图提出改进建议，并说明理由。学生需要考虑可利用的条件和制约因素，并不断改进和完善。在交流过程中，培养了学生的批判性思维。

5.修改草图，完善方案

学生完善设计草图。

（三）制作模型

学生选择材料、工具，进行分工合作，完成模型制作。

【设计意图】技术与工程实践活动可以使学生体会到"做"的成功和乐趣，并养成通过"动手做"解决问题的习惯。

（四）展示成果

1.学生将自己小组的作品摆到讲台上，进行展示（图4）

图4　学生展示自己的作品

2.请同学说一说更喜欢哪个小组的作品，说明理由

【设计意图】通过展示学生动手制作的模型装置，引导他们客观评价自己和他人的作品，激发学生反复探究的兴趣。

教师总结：下节课我们对各小组的装置进行测试，看看哪个小组的鸡蛋能完好无损。

七、板书设计

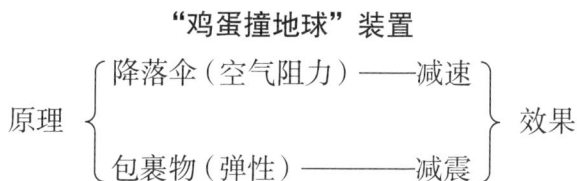

八、教学反思

1.运用"做"中学的方式，提升学生的质疑能力和批判性思维

本课以学生喜爱的"鸡蛋撞地球"科技竞赛活动为题材，在实际制作模型的过程中，学生把自己的想法通过装置模型的方式体现出来，加深了学生对减速、减震科学知识的理解。整个制作过程应用了演绎法来进行实践。不论是学生在介绍设计图时，还是提出改进意见过程中的不断交流，从调整、修改设计图到探索模型的制作方法，直至模型装置成品的最终完成，学生的质疑能力和批判性思维在交流和实践中得到了不断提升。

2. 采用STEAM项目学习方式解决实际问题

为了让学生在学习科学的过程中获得更综合的知识、创新的思维和实用的技能，更深刻地理解工程的核心是设计，本活动采用了STEAM的项目学习方式。学生在了解"鸡蛋撞地球"比赛规则后，利用以往所学的科学原理，综合考虑各种因素，对材料的性能、组合方式不断地筛选，最终设计出了有自己特色的模型装置。但制作出模型并不是课程的结束，学生在后续的学习中还要进行测试，找到这个装置的优点及不足，再设计、改进，最后制作调试。教师要做的是给学生提供主动探究的时间、空间，让他们自己去尝试，通过个人经验去学习。

前测：

1. 你知道"鸡蛋撞地球"这个科技竞赛吗？（　　　）

　　A. 知道　　　　　　B. 不知道

2. 你了解"鸡蛋撞地球"科技竞赛的比赛规则吗？（　　　）

　　A. 了解一些　　　　B. 了解　　　　　　C. 不了解

3. 你觉得"鸡蛋撞地球"科技竞赛中可以用到哪些科学原理？

_____

后测：

1. 你的"鸡蛋撞地球"装置安全落地了吗？（　　　）

　　A. 安全落地　　　B. 没有安全落地

2. 你的"鸡蛋撞地球"装置经历了几次修改？（　　　）

　　A. 一次　　　　　B. 两次　　　　　C. 三次　　　　　D. 其他

3. 你的"鸡蛋撞地球"装置外包装的设计形式是（　　　）

　　A. 软硬软形式　　　　　　　　B. 硬包软形式

　　C. 三角形支架加包裹形式　　　D. 其他形式

4. 在制作的过程中你认为哪种材料制作效果最好，并说明理由。

_____

_____

《荒岛求生》教学设计

北京市丰台区丰台第一小学　张翼

一、教学内容分析

（一）课标分析

本课属于《小学科学课标》中物质科学领域，相关核心概念是：水是一种常见而重要的单一物质。课标所涉及的学习内容如下：

学习内容	学习目标
	5～6年级
2.1 水在自然状态下有三种存在状态	·列举日常生活中水的蒸发和水蒸气凝结成水滴的实例，如晒衣服、雾、玻璃窗上的水珠等

（二）教材分析

《云、雾和雨》是首师大版《科学》五年级上学期（第五册）第一单元"变化的水"的第六课。本课将前面所学知识进行总结并运用到实际生活中。教材中原本有两个核心问题：分别是云、雾及"白气"的本质是什么，以及水在自然界里的循环。

小学科学课程是一门综合性课程，注重自然界的整体性，发挥不同知识领域的教育功能和思维培养功能，着力提高学生的综合能力。因此，本课的设计初衷就是小学科学学科对于一个领域的相关知识点的综合运用。云、雾和雨一课恰好将本单元之前的内容综合，如果只是通过看书、浏览视频资料或者听教师的讲述来学习，并不能很好地激发学生的学习兴趣，也不能很好地将学习内容与已有经验相结合、动手与动脑相结合、书本知

263

识学习与社会实践相结合、理解自然与解决问题相结合。所以本教学设计，想到了"荒岛求生"这样的一个情境，学生需要运用学习到的知识进行实践活动，加深认识，达到复习效果的同时，还能对水在自然界的循环有更深入的了解。

此外，小学科学工程与技术领域的学习可以使学生有机会综合运用所学的各方面知识，体会科学技术对个人生活和社会发展的影响。本课让学生制作一个蒸馏装置，从图纸的绘制，到材料的选择，再到设计的修改，可以使学生体会到"做"的成功和乐趣，并养成通过"动手做"解决问题的习惯。

综上所述，本课基于教材中《云、雾和雨》一课，通过"荒岛求生"这一实际问题，进行模拟实验。在实验过程中学生复习了关于水的蒸发和沸腾、水蒸气的凝结、加速水蒸发的方法、水的过滤等相关知识，并将它们综合运用于解决实际问题，并且在实验完成后联想到自然界的水的循环。

二、学情分析

本课教学对象是小学五年级学生。学生学习了本单元的内容后，有了关于水蒸发、沸腾、水蒸气的凝结、加速水蒸发的方法等知识基础；还通过书籍、视频资料等途径对蒸馏水的过程有了一定的认识，但这一认识并不深入；同时，学生将所学相关知识综合运用到实际生活中解决实际问题的能力还有待提高。

五年级的学生有一定的设计能力、绘图能力、动手能力，可以对本课中涉及的工程设计有一定支撑。学生还具有一定的分享交流能力，但是在小组学习过程中，学生有"搭便车"的现象，独立思考的能力有待加强。本课针对此问题，重点关注学生独立思考能力的培养，为之后小组内讨论提供参与基础。

三、学科核心素养

科学教育以培养学生的科学素养为宗旨，科学思维和科学探究是科学学科核心素养的重要组成部分，倡导在科学活动中关注学生科学精神的培养，努力培养学生勇于创新的精神。本课在引导学生经历科学探究的过程中，学习科学概念、发展科学思维、形成科学态度，从而培养学生的科学学科核心素养。

四、教学目标及重、难点

（一）教学目标

1. 科学概念

通过模拟情境和实验，复习水的蒸发及沸腾、加速水蒸发的方法、水蒸气的凝结等相关知识。

通过模拟实验活动，学习综合运用水的相关知识解决实际问题。

2. 科学探究

在活动中，培养学生独立思考的能力，以及分享交流的能力。

在实验活动过程中培养学生的动手能力。

3. 科学态度

培养学生乐于接受别人意见的品质，具有反思、调整自己探究的学习态度。

培养学生在进行多人合作时，愿意沟通交流，综合考虑小组各成员的意见，形成集体的观点。

4. 科学、技术、社会与环境

了解人类的生活和生产中需要从自然界获取资源。

了解并意识到人类对产品不断改进以适应自己不断增加的需求。

（二）教学重点

通过模拟情境和实验，复习水的蒸发及沸腾、加速水蒸发的方法、水蒸气的凝结等相关知识。

（三）教学难点

通过模拟实验活动，学习综合运用水的相关知识解决实际问题。

五、教学准备

2 开白纸、便笺纸、马克笔、椰子壳、树枝、树叶、塑料布、铜片、木板、石头、贝壳、易拉罐、锡纸等。

六、教学过程

（一）故事导入

1.学生活动

观看新闻片段。（影片中一对夫妇因轮船事故，流落荒岛，面临生存挑战）

教师谈话： 同学们，这对夫妇很厉害，整整 9 天时间，在没有任何补给的情况下生存了下来，最终获救。如果我们各个小组的同学也遇到类似的情况，一不小心流落荒岛，我们就得想办法生存下去。

板书课题：荒岛求生

2.**教师提问：** 流落荒岛，我们必然会遇到哪些问题？

预设： 食物、水、野兽、自然灾害……

教师追问： 你们认为这些问题中，哪个问题最急需解决？

预设： 水。因为水是人体不可缺少的物质，3 天没有饮水就会有生命危险，相比于缺少食物，缺少水更加致命。

3.**教师提问：** 这个岛上没有除海水之外的水源，也没有可以补充水分的植物，我们能不能直接喝海水呢？

预设： 海水不能直接喝，因为含盐量高，越喝越渴，会加速身体脱水等。

（二）明确问题

1.**教师追问：** 既然海水不能喝，同时又是唯一的水源，那我们怎么才能获得可饮用的淡水呢？

预设： 过滤、蒸馏海水，等待下雨等。

2.**教师提问：** 过滤和蒸馏两种方法，哪种更好？

预设 1：蒸馏方法好。

预设 2：过滤方法好。

3. **策略**：引导学生从什么是蒸馏和过滤、材料是否容易寻找、净化水的效果等角度进行对比分析。

蒸馏海水的方法，学生可能通过课外知识获得，也可能回想到之前学习过水的蒸发和凝结知识，将它们联系起来。如果没能回答出，教师可以适当引导。另外很多学生会想到过滤，这也是他们之前学习过的内容，教师不要在此直接否定，可以让学生回忆"过滤"的内容，通过讨论，排除过滤这一方法。

讲解：蒸馏是目前最好的方法。过滤并不能过滤掉海水中的盐分和一些有害成分，所以我们选择蒸馏的方法。

【设计意图】在本环节中，通过新闻片段的引入，可以让问题更加形象，一定程度上也能够给学生以代入感，学生可以身临其境地站在新闻中人物的角度思考问题。教师通过提问和补充，将问题聚焦到淡水的获取，提出核心问题，明确本课的活动目标。学生在思考获得淡水方式的时候，会回忆之前的学习内容，达到复习的目的，同时也复习了关于水的过滤知识。

（三）制定方案

1. 了解蒸馏的过程及原理

教师提问：蒸馏海水的过程是什么？运用了什么原理？（同步板书蒸馏原理）

预设：海水中水分蒸发，形成水蒸气，水蒸气遇到比自己温度低的物体，凝结成水滴，收集凝结的水滴。

【设计意图】在这个过程中，学生需要回忆之前学习过的关于水的蒸发与凝结现象，达到复习效果。

2. 设计蒸馏海水装置

（1）**教师提问**：我们确定用蒸馏法将海水变成淡水后，需要制作一个装置，装置中除了需要一个装海水的容器，还需要什么？

预设：蒸馏装置需要装海水的容器、收集淡水的容器、装置的支架、温度相对较低的物体、热源等。

策略：教师板书分析装置要求。适当提示或者帮助学生梳理装置要点，比如影响水蒸发速度的因素、凝结的条件等。提示凝结过程只需要相对的低温环境而不是绝对的低温环境。

【设计意图】关于装置的组成的思考。过程中通过梳理装置中各部分结构的作用，思考装置应具备哪些部分以及相应的特点，对后面设计装置和材料选择的环节进行铺垫。

（2）**教师提问：**这个装置中每个部分都需要什么样特点的材料来制作呢？

预设：放海水的容器必须可加热，水蒸气收集的容器可覆盖加热容器（如塑料袋），考虑到石头等物体相对温度低，可以放置在装置上面让水蒸气更好地凝结，以及可加速蒸发的材料。

【设计意图】本环节的目的是让学生在设计装置前，考虑到各部分组成的结构需要有什么特殊要求，比如需要热源来加速蒸发或者达到沸腾。思考严谨的小组会考虑到水蒸发后的水蒸气需要尽可能地保存和收集，如何让水蒸气更好地凝结，包括如何加速蒸发和其他的一些问题。这也达到了将有关"水"这一单元的内容进行复习以及将所学知识与实际生活相结合的目的，同时也对后面材料的选择进行铺垫。

（3）**教师出示现有材料：**因为是荒岛，只从岛上和坏了的轮船上找到了以下材料，我们看看都是什么？结合它们的特点想想可以做什么？

学生观察、思考材料的使用。

预设：锡纸是可塑性且耐热的，贝壳、易拉罐、铜片、椰子壳是可加热的。

【设计意图】本环节目的是将之前脑海中的设计形象化，便于后面的实际组装。材料的选择是工程设计领域非常重要的一环，直接关系到方案是否可以成功。在之前材料设想环节中，学生的设计可能并没有考虑到现有条件，在这里就需要将需求与实际联系，因为是在特定条件下（荒岛）的方案，材料的选择必然不会与自己的需求完美契合。学生必须要思考在材料不完美的情况下，如何根据材料特点与自己方案的符合程度进行选择或修改，生活中我们制作装置所需的材料也会有不完美的地方，根据材料修改方案是生活中经常会面对的问题。在思考这个问题的同时还需要考虑材料间的组合与组装，为后面环节做好准备。如果在前面环节中，学生提出的材料就是实际材料，比如"碗"而不是"容器"这样的泛指，教师应当顺应学生的语言。

"图纸—材料—组装"是一个流程，而材料是需要我们根据脑海中的图纸去寻找的，但是除了从理想的容器变成了贝壳等这样不完美的材料外，还有可能出现的情况是，我们所需要寻找的替代品——贝壳也不是我们所预想的，这也是情境中很可能发生的，也为后面环节再次考验学生根据实际情况随机应变的能力做好准备。

（4）**教师提示**：实验要求在30分钟内制造出淡水。因为时间的要求，同时也为了实验安全，今天老师为大家提供酒精灯作为热源，同学们可以选择是否使用。请同学们结合实际情况选择合适的材料，设计装置图，要求先独立设计再小组讨论。如果对整体没有特别清楚的想法，可以只针对局部进行设计。同时，所有材料都可以进行改造，但是材料不再补充，所以要慎重使用。

【设计意图】限定时间主要是考虑到在实际情境中，时间对求生的人很宝贵。还有一个目的就是让学生关注到自己实验过程中的效率问题，以及意识到自己的装置中有些结构是否有必要，有了时间压力，可以减少不必要的结构。材料的改造方面也是希望学生打破固定思维，创新地使用材料，同时也要求他们在改造前慎重思考。

3. 学生独立设计装置，绘制草图，各小组组内讨论实验方案

【设计意图】让学生先独立思考，是为了让每个学生都能有自己的想法，能在团队中发挥自己的作用，而不是"搭便车"。在这里，先不进行全班的汇报交流，是为了让小组保留自己的设想，避免千篇一律的同时，也为后面实验过程中可能遇到新问题埋下伏笔。

4. 学生交流分享设计方案

教师引导：各小组已经有了自己的设计，现在我们进行分享交流。各小组留下一名同学负责为其他小组介绍，其他同学分散到其他小组进行倾听，不提问、不建议。

教师提示：要无私分享自己小组的想法，当别的小组采纳你们的方法时，是对你们小组极大的肯定。

学生： 各小组学生分散到其他小组进行设计方案的分享。

教师引导： 现在请各组根据其他小组的分享，有选择性地考虑是否需要修改自己的设计。

学生： 小组再次讨论，选择性修改设计方案。

【设计意图】让各小组进行操作前的分享，是培养学生的交流能力、分享意识，同时也对自己的设计有了进一步的反思；对于收集其他小组信息的学生来说，培养了他们的倾听能力、分析能力。然后再回到自己小组进行讨论的过程中，他们要对自己的设计进行审视，同时选择性采纳别的小组的方法，培养了他们认识自身问题的能力，也是对他们是否可以坚持自己方案的一次考验。

（四）进行蒸馏海水获取淡水的活动

1. **教师提问：** 同学们已经完善了自己的图纸，并且选择了合适的材料，请各小组同学根据图纸搭建好装置。接下来请你们在 30 分钟内制造出淡水。（提示实验注意事项）

2. **学生活动**

教师进入各小组进行引导。学生在制作环节中会遇到很多问题，很多小组的问题主要出现在装海水的容器选择不当，教师提示学生应用已学过的热传递知识。实验中，学生的设计还会根据实际情况加以调整或者修改，教师应在小组内提问，为什么之前不好，应该怎么修改等，让学生有目的而不是盲目地尝试。

3. **各小组汇报展示自己的装置，分享成功的原因以及反思失败的原因（如下图所示）**

【设计意图】本环节再次让学生们分享，是考虑到我们需要让各小组有一个完整的思考过程，这个过程中会出现很多问题，可能最后的装置也

不够好，但实际生活中也是如此，需要经历失败。在这里分享，才能知道在整个过程中自己的团队在哪个环节出了问题，哪些问题没有提前想到，或者哪里可以更好。对于之后的学习，是一种帮助。

（五）分享收获，回顾本节课问题的解决过程（梳理相关知识，理解水在自然界的循环过程）

1. 教师组织学生进行收获分享

教师提问：本次"荒岛求生"，问题是如何解决的？你有什么收获？

2. 回顾实验过程中运用的相关知识，复习水蒸发和凝结的过程，以及加速水蒸发的方式，包括热传递的知识

教师提问：同学们，我们在整个实验过程中，都运用了哪些知识？

学生：蒸发和沸腾的条件、加速水变成水蒸气的方法、蒸馏的原理、凝结的条件、热量的传递等。

教师提问：这些知识是如何帮助你完成装置并成功制取出淡水的？

预设1：用金属制作装海水的容器，是因为金属导热性好，水可以被快速加热，同时加热可以让海水快速地变成水蒸气。容器直接用易拉罐的话，因为罐底是凹进去的，又放到了金属板上，所以热量的传递受到了限制，应该把易拉罐改装，或者直接改造金属板。

预设2：收集水蒸气的装置口和传递水蒸气的管道外可以放沾湿的布，这样可以制造出温差，创造凝结的条件。

3. 进行学习效果评价

评价表

"荒岛求生"我能行　　　　　　　　　　班级：　　　　　姓名：

项目		具体要求	自评	同学评
科学态度	我会倾听合作	1. 别人发言时，眼睛注视，不打断、插话，并动脑思考发言人说的与我的想法是否一样		
		2. 和同伴一起观察材料，不争抢、懂得谦让		
		3. 主动和同伴交流我的想法		

续表

项目		具体要求	自评	同学评
科学探究	我会操作	1.能提出设计方案图		
		2.主动参与装置搭建		
		3.完成装置，取得淡水		
		4.能够坚持自己在设计和搭建过程中做得好的地方，能够修改有欠缺的地方		
科学知识	我知道了	1.蒸发、沸腾、凝结的条件		
		2.蒸馏海水变成淡水的原理		
		3.一些材料的特点		

4.**教师提问**：同学们，我们的实验中出现了水变成水蒸气，又由水蒸气变回水这样的循环。自然界中，水是否也在进行着这样的循环呢？我们装置中使用的材料，自然界中是否也有类似的存在呢？

教师总结：水蒸发变成水蒸气移动到高空，遇冷凝结，变成水滴，汇聚成云，积累后变成雨水或者雪再落下。

【设计意图】进行知识梳理，并由装置联想到自然环境，体会水在自然界的循环过程。

七、板书设计

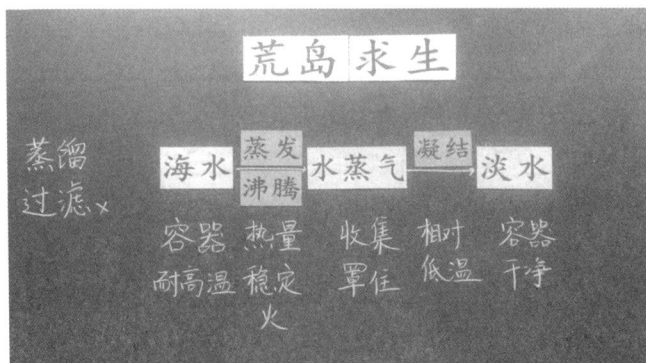

八、教学反思

（一）通过分析、交流突破难点

1. 集思广益突破难点

本课的难点之一在于如何把海水变成水蒸气和水蒸气如何变成水并进行收集。针对这个难点，教师应让学生充分讨论，调动学生利用已学过的蒸发、沸腾、凝结概念并结合现有材料进行有效设计。学生通过讨论能够初步认识到哪些材料能被加热，哪些材料能用来帮助收集水蒸气等，为学生之后的设计环节做了很好的铺垫。

2. 留有个人思考的时间和空间

在平时思考交流的过程中，有一部分同学会成为旁观者，等其他同学提出方案，自己跟着做。产生这种表现的原因有很多，如：不自信，不敢发表自己的观点，不愿动脑思考等；还有一个原因是有时教师并没有给出独立思考的时间。于是要求学生在思考环节中先独立思考并落实在纸上，再进行小组讨论，这样会促进学生自己独立思考，避免旁观，将讨论的最终方案落实于整组的设计图纸上。这不仅体现了学生的思维发展过程，也是思维外化的展示。

3. 组间交流促进学生思维的成长

实际搭建是本课第二个难点，在实际搭建过程中学生会遇到很多问题，这里分了两个环节，第一环节让各小组先按照本小组的设计进行搭建；第二个环节让各小组互相参观交流，本小组留一个解说，其他小组派代表分散到各个小组互相借鉴。这样，学生们的思路一下子就打开了，这个方法既能让学生看到其他小组的实际搭建方案，同时也有效减少了各小组分别汇报所耽误的时间，学生通过这一活动再次对之前的设计进行有目的地修改。

（二）重视每个孩子的思维成长，突出 STEAM 教育理念，重视学生活动过程，侧重于工程学模式，让学生在反复设计、修改中体验和经历工程设计的过程

本课制作一个蒸馏装置，从图纸的绘制，到材料的选择，再到材料与

273

需要有偏差、需要修改设计等方面，与复习课进行一次融合，既提升了学生的学习兴趣，又达到了复习效果，同时还从工程技术的角度进行了一次锻炼，一举三得。

本课在初次试讲时，出示情境后并没有直接给学生展示材料，而是在没有提示的情况下让学生进行设计，学生能够将海水蒸发和水蒸气的凝结两个环节想到，但都比较脱离现实，理想化设计，所以当教师出示材料后，学生的设计基本上全部被推翻。一开始这样设计是为了让学生先有自己的思考，然后进行初步设计，在看到材料后再根据实际材料去替换原设计装置，但事实发现这样的环节设计对于学生来说难度较大，而且耗费的时间较长，所以将此部分内容删掉。

再次试讲时，每个小组所给出的材料相同，但这样学生缺少了自主性，而且当学生看到更多的材料时就想都试一试，这样不能按照自己原有的设计进行搭建，所以最终的设计是让学生对材料进行分析，根据自己本组的设计和材料的特点来自由选择。随着学生在设计、实际搭建的过程中所暴露出的问题进行不断地修改、完善。

（三）教学环节与评价良好配合，促进学生积极主动参与探究

《中国学生发展核心素养》中指出，落实核心素养三大途径之一就是要通过教育评价。《科学教学评价》中指出，我们要将"学生的探究活动"作为课堂教学评价的重要维度，学生的探究状态应成为课堂教学评价的聚焦点和出发点，并以此去审视其他方面的利弊与得失。要把对"学生的探究活动"的评价作为杠杆，改变传统教学中只重视科学知识的习得而忽视学生学会探究的状况，促进教师从备课开始就重视"学生的探究活动"评价的载体功能，切实关注学生探究力的提升。

新课标中评价建议也指出，评价是对教学的效果进行监测，也与教学过程相互交融，从而促进和保证学生的发展。学习评价的目的在于了解学生在学习过程中的表现及其存在的问题，鉴定学习的质量水平。

本课的评价重点是自评和组内互评，而评价的基础在于学生在探究中的参与状态，我认为首先要关注学生参与探究的广度和深度，能否全体参与探究的全过程，以及是否能够全身心投入到探究全过程中。学生良好的

参与状态的前提应该是教学内容或者活动内容能够吸引学生。本课从创设特殊的"荒岛求生"情境，到让学生运用教师提供的符合真实情境的材料来"求生"，目的都是抓住学生的兴趣，激发他们的思维。

那么如何评价学生的参与状态呢？下面结合教学内容谈一谈我的想法。

本课在创设情境之后，要求在30分钟内制造出淡水。请学生结合实际情况选择合适的材料，设计装置图，并要求先独立设计再进行小组讨论。

让学生先独立思考，是为了让每个学生都能够有自己的想法，能够在团队中发挥自己的作用，而不是"搭便车"。在这里，先不进行全班的汇报交流，是为了让小组保留自己的设想，避免千篇一律的同时，也为后面实验过程中可能遇到新问题埋下伏笔。

在这一环节中，要求学生独立思考—设计—讨论。这就需要学生有自己的想法，在小组交流时才能发表意见，而个人评价表中也对这一环节有所体现。"1.别人发言时，眼睛注视，不打断、插话，并动脑思考发言人说的与我的想法是否一样。2.和同伴一起观察材料，不争抢、懂得谦让。3.主动和同伴交流我的想法。"这样具体的评价让学生逐渐养成良好的倾听习惯，促进合作；有利于学生主动表达自己的想法，对知识的真正获得有很大帮助。同时促使学生在组内懂得如何倾听别人的想法，懂得谦让，增强组员的团队意识。有了良好的评价，一定程度上也激发了学生主动思考，提高合作意识，促进小组有效交流，避免出现小组长"一言堂"的情况，良好的组内合作关系能提升每个学生参与探究的获得能力。

有了好的参与状态后，就要考虑学生的生成状态了，评价学生是否在自主、合作、探索中不断提升自己的认识；评价学生在探究中是否有独特的表现，是否能生成非预设内容，提出深层次的问题或得出不同寻常的答案。

本课中学生分享交流设计方案时，我采用了一种特殊的分享方式：

教师谈话：各小组已经有了自己的设计，现在我们来进行分享交流。各小组留下一个同学负责为其他小组介绍，其他同学分散到别的小组进行倾听，不提问、不建议。提示：要无私分享自己小组的想法，当别的小组采纳你们的方法时，是对你们小组极大的肯定。

在学生活动之后教师继续引导：现在请各小组根据其他小组的分享，有选择性地考虑是否修改自己的设计。

这个环节中，让各组进行操作前的分享，一方面学生对自己的设计有了进一步的反思；另一方面对于收集其他小组信息的学生来说，他们要分析其他小组的方案。然后在回到自己小组进行讨论的过程中，小组要对自己的设计进行审视，同时选择性采纳别的小组的方法，是对他们是否可以取长补短或者坚持自己方案的一次考验。这个环节不仅让学生对其他小组的设计进行了借鉴，同时对本小组和其他小组的设计有了一个评价，从而进一步修改本小组的设计。

这时的评价应该呼应教学意图，教师的语言"要无私分享自己组的想法，当别的小组采纳你们的方法时，是对你们小组极大的肯定"。其实是一种提前评价，当发生某种情况时，说明你达到了某种水平。再有，评价表中也要有体现——对于能够合理修改自己设计或者坚持自己设计的组要及时鼓励，比如评价表中的"能够坚持自己在设计和搭建过程中做得好的地方，能够修改有欠缺的地方"。

最后对学生的实验结果、知识获得进行了评价，促使学生对本节课的获得进行反思。

总之，本课让学生学习科学概念、发展科学思维、形成科学态度，通过经历科学探究过程，培养学生核心素养。

九、课后教学评价

（一）请你说一说，过滤和蒸馏这两种取得淡水的方法，分别适合在哪种情况下使用。

（二）结合本课学到的知识和方法，请你说一说自然界中水是如何进行循环的。

（三）回顾你们小组的装置设计，你认为哪些是成功的地方，哪些还可以继续改进？

《小小设计师》教学设计

北京朝阳芳草地国际学校丽泽分校　曹燕

一、教学内容分析

（一）课标分析

　　本课属于《小学科学课标》中技术与工程领域，教师在教学中帮助学生形成工程是运用科学和技术进行设计、解决实际问题和制造产品的活系统思维模式。

　　工程的核心是设计。学习的目标是知道工程设计的基本步骤包括明确问题、确定方案、设计制作、改进完善等。针对一个具体的任务，按照设计的基本步骤来设计一个产品或完成指定的任务。

　　工程设计需要考虑可利用的条件和制约因素，并不断改进和完善学习目标，对自己或他人设计的想法、草图、模型等提出改进建议，并说明理由。在制作过程中及完成后进行相应的测试和调整。

（二）教材分析

　　《搭支架》是首师大版《科学》第四册"技术与工程"单元中的第二课，在前一课认识"形状与承受力关系"的基础上，学生在自己动手搭建支架的活动中认识和发现：不同形状的支架稳固性不同，而三角形支架是最稳定的结构。《小小设计师》一课是《搭支架》一课的拓展延伸课，进一步激发学生研究形状与承受力、结构与稳固性关系的兴趣，帮助学生深入理解结构与功能相适应，提高学生选择合适材料、掌握连接方法、自己设计结构的能力，培养学生团结协作的精神。最终帮助学生形成工程是运用科学和技术进行设计、解决实际问题和制造产品的系统思维模式。

二、学情分析

我校五年级学生在教师的指导下，能够基于已有经验和所学知识，从现象和事件发生的条件、过程、原因等方面提出假设，能够依据证据运用分析、比较、推理、概括等方法，分析结果，得出结论。学生对动手制作活动非常感兴趣，激发了他们主动认识各种形状，了解三角形结构比较稳固，学会了自己搭建立体支架，但是如何进一步利用所学科学知识解决实际问题，还需教师进一步指导。

三、学科核心素养

科学学科核心素养中关于科学思维的内涵描述为：能运用观察法、实验法、模型法等科学方法，客观描述自然事物的主要特征，掌握科学基础知识，了解基本的科学原理；在观察的基础上，能以客观事实为依据，用比较、分类、归纳、演绎、类比等思维方法，进行推理与判断，初步理解自然现象产生的原因和解决身边简单的实际问题。本课通过课堂探究活动重点发展学生运用实验法、模型法等科学方法，了解基本的科学原理，解决身边简单的实际问题。

科学学科核心素养中关于科学探究的内涵描述为：对自然事物有好奇心，能大胆想象，对要研究的问题能提出解决方案；能选择合理有效的解决方法并进行尝试，不怕困难，有克服困难的信心和决心，能总结成功的经验，分析失败的原因，坚持按计划经历完整的研究过程，收集证据，做出解释。本课通过课堂探究活动重点发展学生对要研究的问题能提出解决方案，能选择合理有效的解决方法并进行尝试，能总结成功的经验，分析失败的原因。

科学学科核心素养中关于科学态度的内涵描述为：认识科学本质，理解科学。

在科学·技术·社会·环境（STSE）的关系基础上，逐渐形成对科学和技术的正确态度以及产生的责任感。本课通过设计搭建满足工程要求的桥梁模型，发展学生这一素养。

四、教学目标及重、难点

（一）教学目标

1. 科学概念

通过动手实践研究，进一步感受三角形结构最稳固、渗透结构与功能相适应的核心概念。了解三角形结构在生产、生活中的广泛应用。

2. 科学探究

在任务的驱动下，学生以小组合作的方式进行桥梁设计搭建，通过承重测试进一步完善桥梁设计，从而了解工程设计的基本步骤包括明确问题、确定方案、设计制作、改进完善等，提升动手能力和创造性思维能力。

3. 科学态度

通过设计搭建、改进桥梁活动体验感受工程师的工作，发展研究、设计与制作的兴趣。

4. 科学、技术、社会与环境

了解人类的好奇和社会的需求是科学技术发展的动力，技术的发展和应用影响着社会发展。

（二）教学重点

应用三角形最稳固的科学知识设计，搭建满足条件的桥梁模型。

（三）教学难点

在任务的驱动下，学生以小组合作方式进行桥梁设计搭建，深入理解结构与功能相适应，学生选择合适材料、掌握连接方法、自己设计结构的能力得到提高。

五、教学准备

1. **教师准备：** 课件、五孔扁木、木棍（见图1）、哑铃片、尺子、计算器、桥梁设计图纸（见图2）。

2.**分组材料:**五孔扁木、木棍(见图1)、尺子、桥梁设计图纸(见图2)。

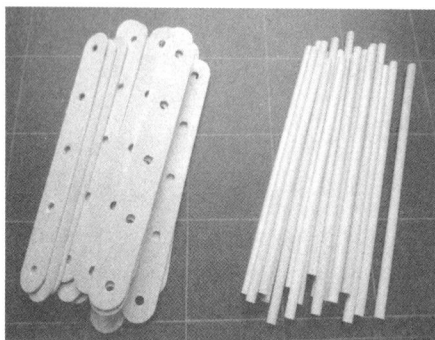

图1　木棍

《小小设计师》桥梁设计图纸

	成本计算	
	扁木根数 (2元/根)	
	木棍根数 (1元/根)	
	计算:	
	承受重量	
	每1元成本实 现承受的重量	

图2　桥梁设计图纸

280

六、教学过程

（一）创设情境，提出问题

1.出示课件（见图3）

图3 丽泽金融商务区

2.**教师提问**：同学们，目前丽泽金融商务区建设如火如荼，可是商务区中的莲花河影响着人们的出行，居委会筹集资金准备建一座桥。同学们能否利用所学知识，设计制作一个满足工程要求的桥梁模型，解决人们出行的困难呢？

【设计意图】*真实情境导入发现问题，激发学生设计制作兴趣，初步理解技术工程的核心是解决真实的问题。*

（二）合作探究

1.明确问题

（1）出示课件（见下文）。

（2）学生阅读。

设计要求：

设计的桥梁模型使用5孔扁木、木棍搭建，长度大于40厘米，小于50厘米，宽度15厘米。根据需要可以设计桥墩，只能设计最多两个桥墩。要求每个桥墩长度不得大于15厘米，宽度不得大于10厘米。由于建设桥梁费用有限，所以桥梁模型成本要控制在60元以内。五孔扁木每根2元，木棍每根1元。桥梁承重数值计算方法：承受重量 ÷ 成本 = 每1元成本实现承受的重量。

评价标准:（课件出示《小小设计师》桥梁模型评价量表）

（1）设计图上标注桥梁的各部分名称及用途，桥的长度、宽度等；桥梁设计图纸干净整洁。

（2）桥梁模型与图纸设计相同，搭建时连接牢固、结构合理。

教师提示:

（1）课件介绍：以 ×× 桥为例，桥墩的长、宽。（图4）

图4　桥墩的长和宽

（2）五孔扁木、木棍连接方法：左手拿扁木，右手用木棍插入，轻轻地拧进去，注意控制力度，防止扁木扭曲、开裂，一旦开裂，需更换新的，注意节约材料。（教师边说边演示）

（3）各小组注意安全，团结合作，手脑并用，声音要小，以最快的速度确定方案、设计搭建桥梁。

2. 确定方案

小组讨论，画出设计图。（见图5、图6、图7、图8）

学生进行交流。但是，在不同阶段依然会有一些有价值的想法，因此让每个孩子都准备属于自己的"科学记录本"就显得尤为重要了。在不同的探究活动中，学生可以记录下自己的想法，帮助学生将想法可视化。这样可以较好地帮助教师借助巡视将这些想法挖掘出来，搭建共同探讨的"平台"。

二、三段论的故事——学生小奕与"科学记录本"的故事

故事同样发生在同一堂科学课上，在巡视的过程中有个叫小奕的男孩叫住了教师，"老师，您看这里?"教师问:"要看什么呢?"小奕指着"运动"这两个字说:"老师，我是根据物体具有运动的特征，想到水也是会运动的。"

小奕是听到教师提出的问题——"水是什么样子的"（水的特征）想到与以前学习过的相关内容（物体的共同特征），然后翻看"科学记录本"，发现确实找到了相关内容（物体的共同特征中涉及了物体是会运动的），分析得出新结论（水也具备这样的运动特征），最终对自己的发现过程及观点进行表达。大致经历的是:受到刺激—进行思考—操作—得出结论。

通过这样的分析发现:

1."科学记录本"可以弥补学生在知识记忆方面的不足，即"单靠记忆存储知识、技能信息的不完整性和不确定性"。

2."科学记录本"可以帮助学生加深对于知识的理解，即"用较为精练的文字记下科学概念或科学方法，强化学生所学"。

3."科学记录本"的使用，便于教师将现象分析转化为逻辑分析，即:

通过之前的学习在记录本上记录下了:物体具有运动这一特征——大前提

已有前概念:水属于物体——小前提

结论:水可以运动这一特征

由此我们会发现，小奕的想法不是无根据的猜想，而是一个有根据的推理过程，也就是科学思维方法中的"三段论思维"的推理过程。

小奕与小美的案例，让我意识到在科学学习的过程中，"科学记录本"能够较好地将已学习的科学知识（能力），与将要学习的科学知识（能力）建立联系，通过与文本反复对话的方式，学生从被动到主动，逐渐养成习惯，

有理有据地分享自己的想法，帮助学生理解已学的知识，促进新知识的获得，以及思维品质的不断完善。

综上所述，从"科学记录本"的使用情况来看，学生们像科学家一样浸润在"边记录边研究"的过程中，凸显了"科学记录本"的记录功能，培养了学生科学学习的好习惯，为进一步进行思维训练打下坚实的基础，同时这也成为课堂评价的一个重要载体。

直观教学在观察植物运动中的应用

北京市朝阳区芳草地国际学校丽泽分校　张宝生

直观性教学法由著名教育家夸美纽斯先生提出。指利用教具作为感官传递物，通过一定的方式、方法向学生展示，达到提高学习效率或效果的一种教学方式。直观性教学包括：实物直观、模象直观和言语直观。在小学科学课堂使用直观性教学法，有利于学生认识科学事实，生成科学概念。

首师大版《科学》第七册第九课是《植物的运动》。在这一课，学生们要探究植物的向性运动和感性运动。向性运动包括向重力性、向光性和向触性运动。感性运动包括感震、感温和感夜运动。

如何利用直观性教学法开展教学活动呢？

植物的感震运动，可利用实物直观教学法进行教学。我从花卉市场买来了含羞草。一上课，我就让一个学生用手指触碰它的叶片。细小的叶片感受到震动，叶柄上的两列叶片立刻合拢。学生们感到很神奇，立刻产生了继续观察的兴趣。静静地观察几分钟后，当合拢的叶片又慢慢打开时，学生们的眼睛瞪得更大了，争着、抢着从含羞草的不同部位去触碰，都想亲自体验含羞草的感震运动是不是真的。

植物的感夜和感温运动，可采用模象直观和言语直观的方法来教学。我首先出示了一组睡莲感夜运动连续变化的图片，并用直观的言语介绍："这是从下午三点一直到晚上七点，对同一朵莲花进行拍照后形成的组图。每隔 15 分钟照一张照片，拍照位置、角度完全相同，呈现出花瓣在白天的开放状态到傍晚逐渐合拢的全过程。"接着又出示了一组郁金香感温运动连续变化的图片，再次用直观的言语介绍："这是我种的两盆郁金香，当窗外的两盆郁金香正火热盛开时，我搬了一盆到室内的窗台上，打开了空调，将温度调到 25 度，并每隔 5 分钟照一张照片，记录下花瓣随着室温下降，一点点闭合起来的全过程。"学生们开始对这两组图片进行观察、比较、分析和联想，完成了对感温运动的理解。

在学习植物的向性运动时，我把三种直观教学法综合起来运用。我首先出示了一组牵牛花的向性运动图片，并把植物向性运动实验盒搬到讲台桌上，对这盆花的来历进行了直观地言语介绍："这是一棵牵牛花，最初是横向种植在实验盒里。在茎叶前面5厘米处有个通光孔，可以让阳光照进去一点点。几天后，牵牛花从通光孔里长了出来，并缠绕着通光孔外的竹棍生长。"学生惊奇地发现，牵牛花的茎不是有序生长，而是缠绕着三根竹棍来来回回地生长。有趣的现象立刻让学生对植物的向触性运动产生了直观地认识。一个学生大胆地说："这是植物的向触性运动形成的。"此时，另一个学生提出："能不能打开盒盖让我们看看？"我轻轻地打开了有通光孔的盒盖。学生们立刻将看到的情景与组图对照，联想着牵牛花的茎、叶是如何慢慢地向着通光孔的地方生长，知道了什么是植物的向光性运动。最后，我在学生们的注视下，打开了牵牛花根部所在的那个盒盖，用小铲轻轻地把表面的土层刮掉，露出了里面的根。学生们看到牵牛花根向下生长的状态后，对照着组图，展开了对比、分析、联想、推理等学习活动，理解了牵牛花根的向重力性运动。

学生感知了向性运动和感性运动后，又提出了新的问题，其他植物也都具有向性运动和感性运动吗？它们为什么会有这样的运动方式？对于这些问题，我同样采用了直观性教学法进行教学。

人类的直观感受是一切认识的基础。本来植物的向性运动和感性运动不可能在一节课内同时呈现出来，如何突破这一教学难点，让很多教师都感到为难。一节课只有40分钟，可植物的运动变化时间和速度都各不相同。如：感性运动中的感震运动所用时间最少，短短的几分钟就能看到运动变化全过程。而感温和感夜运动的变化过程，最少需要几个小时。另外，向性运动中的三种运动方式，要想看到哪种运动方式的明显变化，都需要十天以上的时间。将这么长时间的变化现象，压缩到很短的时间内呈现，真的很难。

买一盆含羞草进行实物直观性教学并不难，但这一实物不可或缺。如果教师只是讲述含羞草的叶片感受到震动会合并起来，学生会相信吗？睡莲在感夜运动的同时，还在感觉着温度的变化。课堂上不易观察到，所以只能到公园里亲自去拍摄图片。在形成的组图中，学生们可以看出，随着黑夜的降临，光照强度发生变化，花瓣合拢的位置发生变化，以及花瓣颜色也发生了变化。郁金香的感温运动，可以人为地降温，并拍摄组图。有了这组图片，学生看到了温度变化后，花瓣合拢的位置和花瓣颜色也随之发生了变化。

如果没有课前拍摄的这两组图片，那么课上只能是空洞地讲解了。学生听着没兴趣，更不可能真实有效地理解感夜、感温运动。需要强调的是，采用同一地点、同一棵植物、同一角度拍摄出来的组图，有利于学生的对比和联想，让学生产生真实的感觉，更具有说服力。

学生观察植物向性运动所用的牵牛花，必须要从室外移植到室内才行。课前，我设计制作了一个植物向性运动实验盒，将一株野外的牵牛花移植在里面。这样，随着牵牛花的生长，每天我都可以在室内给牵牛花拍照，也就形成了牵牛花向性运动变化的组图。在课堂上直接对牵牛花进行观察，更方便三种直观性教学法的综合运用。对于牵牛花向性运动的学习很有帮助，茎叶的向触性、向着通光孔生长的向光性、根的向重力性一目了然。再配合着组图，进行生长状态的前后对比，不但利于学生感知，也让学生的分析理解变得水到渠成。

其他植物的向性和感性运动，由于品种太多，我想到了央视CCTV10科教频道，生命系列中《植物》这一档节目的视频内容。在这个视频中，以压缩时间的视角，展示了很多植物的运动方式，是很好的模象直观教学资源。压缩时间的视角，就是指将在固定地点每隔几分钟拍摄的照片，制作成画面流畅的视频。

方法不同，学习效果有什么区别呢？我校的另一位科学老师，在讲《植物的运动》时，所采取的教学方法是，从网上搜集了一些图片和文字介绍，让学生结合资料、教材，讨论学习。

在我们任教的班级中，我随机挑选了6个同学，进行问答专访。问题如下：

1.植物的运动方式有哪些？

2.举例说说植物的向性运动或感性运动是什么意思？

3.植物为什么会有向性运动或感性运动？

问题 \ 表现	本班学生	他班学生
1. 植物的运动方式有哪些？	用时少，回答正确	边想边回答，回答正确
2. 举例说明植物的向性运动或感性运动是什么意思？	举例内容丰富多彩，声情并茂，还加入了许多自己的猜想和推理	举例内容局限于课本，言辞简单，呆板乏味
3. 植物为什么会有向性运动或感性运动？	把植物放在与人同等的位置上，认为植物是有生命的，可以为了生存而适应环境	大多来自教材上的文字介绍，鲜有自己的想法和设身处地的见解

通过对比，我们不难看出，利用直观性教学法，学生对植物向性运动和感性运动有了亲身的感受。因此在回答问题时，很自然地加入了自己的想法和推理，有融入感。

直观性教学法虽然可以激发学生的学习兴趣，但当教师给学生呈现实物、图片或视频时，学生处于被动地接受状态。此时，还需要创设良好的学习环境，组织学生开展观察、记录、联想、比较、推理、分析、讨论、评价等探究活动，引起学生的认知冲突，突出学生的主体作用。

小学科学课程的学习，对于学生而言，不但要引导学生知道客观事实是什么，还要将其转化为科学规律和科学观念，让被动直观产生的表象深入内化，与学生原有认知联系起来，形成新的概念。对于教师而言，直观性教学所需要的实物或模象，都要在课前精心准备。要想准备好这些资源，需要通过课前思考、设计、制作、搜集、整理等工作，让直观性教学真实、有效，为学生的思维发展和概念形成，积累生动丰富的科学素材。